しなやかな子どもを育てる レジリエンス・ワークブック

小林朋子 編著

石田秀　大森純子　齋藤節子　杉山恵　鈴木純
栃久保祈　掛本健太　小堀春希　野崎花歩　高林真衣　田端なつ実 著

つらいことがあって落ち込んでも、そこから回復する力を育てる

ジャパン・レジリエンス・アワード
2018

ジャパン・レジリエンス・アワード
2019

ジャパン・レジリエンス・アワード
2020

ジャパン・レジリエンス・アワード
2023

東山書房

はじめに

　災害やテロといった世界情勢の変化だけでなく、ICT（情報通信技術）などの科学技術の発達など、現代社会は日々、猛烈なスピードで変化しています。こうした急激な社会の変化の中で子どもたちが生きていくにはどのような力を身につけておく必要があるのか、様々な議論がなされています。ほとんどの先生方や保護者は、子どもたちが困難な出来事に出会い苦しみ落ち込んだとしても、そこから前を向いて自分の人生を歩いていってほしいと願っていると思います。こうした願いは、古今東西を問わずあるものでしょう。

　困難な出来事を経験してもそこから回復する力とされている「レジリエンス」という概念は、日本では東日本大震災を契機に広がってきています。しかし、レジリエンスは全く新しい概念ではなく、人々の営みの中でずっと大事にされてきた「力」であると考えられます。

　実際、各学校では教育目標を掲げていますが、その教育目標の中には「しなやかに」「へこたれない力」など、実にレジリエンスに関係した内容が含まれています。学校は教科の学びと共に、子どものレジリエンスを育てることを教育の目標としているとも言えます。

　編者は静岡県の養護教諭の先生方との出会いからレジリエンスの実践や研究をスタートさせ、それから先生方や学生たちと試行錯誤し実践を積み重ねてきています。私自身、この「出会い」「つながり」によって研究や実践の幅が広がっただけでなく、父の病気や死を経験する中で「困難な時にどのように生きるか」という自分の生き方にも深く影響されたと感じています。レジリエンスに関する学びは、子どもだけでなく、大人にとっても非常に役立つものであると考えています。

　本書は、学校で子どものレジリエンスをどのように育てていくとよいか、学校で試行錯誤を重ねた実践をとりあげて紹介しています。この本で紹介されているモデルや教材は、一般社団法人レジリエンスジャパン推進協議会より、「ジャパン・レジリエンス・アワード（強靱化大賞）2018」にて「最優秀レジリエンス賞」、「ジャパン・レジリエンス・アワード（強靱化大賞）2019」では準グランプリである「金賞（教育機関部門）」をいただいています。その後、2020年度と2023年度にも受賞し、コツコツ積み上げてきた実践活動が社会的にも高く評価されております。

　本書の実践が日本全国の学校で広く活用され、子どもたちのレジリエンスを育てる教育活動に寄与できれば、執筆者一同、心から嬉しく思います。

　最後になりましたが、本書の出版に関しましてご尽力いただきました静岡県内の先生方、授業実践でたくさんの感想をくださった児童生徒の皆さん、そして東山書房の三枝雅乃様に心より御礼申し上げます。

2023 年 8 月

静岡大学教育学部　教授　小林朋子

目 次

はじめに　iii

Part 1　レジリエンスとは　……………………………………………………1

Section 1　レジリエンスとは　2

① 私たちの身近にあるレジリエンス　2
② レジリエンスとは？　2
③ レジリエンスの考え方と研究の流れ　5
④ レジリエンスの要因は？　6
⑤ レジリエンスと身体の関係　7
⑥ レジリエンスを弱める要因　8
⑦ 小・中学生のレジリエンスは下がりやすい？　9
⑧ レジリエンスを育てる10のコツ　10
⑨ レジリエンスを育てる「富士山モデル」　13

Section 2　モデルに沿った実践　19

① A小学校での実践　19
② B中学校での実践　24

Section 3　分析シートの活用と学校での進め方　30

① 分析シートの活用　30
② 学校での進め方　33
③ 学校全体での進め方　40

Part 2　実　践　……………………………………………………………45

Section 1　学校教育活動を活かした実践　46

① 実践の進め方　46
② 実　践　47
　　自分のレジリエンスを理解しよう　47

レジリエンスを強めること、弱めること〜啓発活動・パズルを使って〜　　50
　　生活リズムチェックカード　　56
　　レジリエンスを育てよう〜生活習慣を見直してみよう〜　　60
　　リラックス法を身につけよう　　66
　　生活リズムチェック…今日のハッピー　　70
　　お茶コミすごろく　　72
　　プラス思考でいこう　　75
　　笑顔の秘密　　78
　　支え合うために〜支えてくれる人と支えるスキル〜　　82
　　自己・他者のよいところ〜同性・異性の友だちのよいところさがし〜　　86
　　自分を見つめ、「心の力」を育てよう　　90
　　オトナの保健だより（教職員向け保健だより）　　95
　　保健室来室カード（カルテ方式）　　97
　　イライラ対処法　　99
　　先輩、おしえて！〜小学生の不安に中学生が答える〜　　102
　　人生は「変化」があることに気づく　　105
　　お手伝い大作戦　　107
　　レジリエンス曲線を描いてみよう　　109

Section 2　レジリエンスに関する教材を用いた実践　　112

① **活用の仕方について**　　112
② **実　践**　　113
　　ぼくレジりん　　113
　　レジリエンスってなんだろう？　　128
　　生活習慣を見直そう！　　130
　　落ち着いて自分の気持ちと向き合おう！　　134
　　ものごとの考え方を知って、レジリエンスを高めよう！　　139
　　気持ちを整理して、大変な状況を乗り越えるための行動の選択肢を増やそう！　　144
　　コミュニケーションを学ぼう　　149
　　マイレジりんをつくろう　　154

　　本書付録のCD-ROMについて　　158

レジリエンスとは

Section 1　レジリエンスとは

Section 2　モデルに沿った実践

Section 3　分析シートの活用と学校での進め方

① 私たちの身近にあるレジリエンス

「レジリエンス」という言葉を初めて耳にする方も多いと思います。しかし、実は私たちの生活の中に（知らないうちに）入ってきていて、もう身近にある言葉なのです。

例えば、東日本大震災の後、サッカー女子日本代表の元監督の佐々木則夫氏とともに「レジリエンス・ジャパン」と銘打ったポスターを、駅などでご覧になった方もいたと思います。これは、震災後に内閣官房が打ち出した国土強靱化（ナショナル・レジリエンス）というもので、それ以降、国は「レジリエンス」という言葉を使い、さまざまな方面で国土強靱化としての防災・減災の取り組みを行ってきています。そして2013年12月11日には、「強くしなやかな国民生活の実現を図るための防災・減災等に資する国土強靱化基本法」という法律が施行されました。レジリエンスという言葉は、私たちが気づかないうちに法律にも含まれていたのです。

では、教育分野についてはどうでしょうか。2014年に文部科学省の「情動の科学的解明と教育等への応用に関する調査研究協力者会議」の報告書の中で「ストレス場面から心理的に回復する能力はレジリエンスと呼ばれ、心理学者や教育学者の重要な研究対象となり、情動の安定化とレジリエンスの養成を目標とした教育手法の開発へと応用が進んでいる」と述べられています。さらに「児童生徒における対人関係場面におけるストレスが原因と考えられる不適切な情動の表出行動理解には、子供が持つレジリエンス能力や、対人関係の基礎を育む環境要因の解明が必要である」として、人と関わる力の強化とレジリエンスの理解の必要性が提案されています。

このようにレジリエンスは、すでに日本の法律に入るほど身近な言葉となり、そして教育分野においても重要視されるようになっています。

② レジリエンスとは？

レジリエンスは、英語の辞書を引くと「跳ね返り、弾力、弾性」とあります。レジリエンスの語源は「跳ね返る」という意味のラテン語で、力が加わって変形したものが元に戻るという物理学の現象をさすのに使われてきました。

心理学の領域では、「精神的回復力」「立ち直り力」と訳されています。また、意味の違いや研究者による日本語表記の違いにより、「resilience」はレジリエンス、レジリアンス、リジリエンス、「resiliency」はレジリエンシー、レジリアンシー、リジリエンシーといった、さまざ

まな言葉で表現されています。その中で、心の回復の能力や特性には「resiliency」（レジリエンシー）、心の健康の回復過程には「resilience」の術語を用いるようになってきています（本書では「レジリエンス」とします）。

アメリカ心理学会（American Psychological Association）がレジリエンスをどのように定義しているかというと、「精神的、感情的、行動的な柔軟性と外部および内部の要求への適応を通して、困難または困難な人生経験にうまく適応するプロセスとその結果」としています。つまり、災害や人間関係などの逆境などを経験して、落ち込んだり、さらにはメンタルヘルスの問題を抱えたりしても、そこから回復していく力をさします。

「心の強さ」は、大きく分けて2種類あることが指摘されています（平野，2015）。その一つが「ハーディネス（Hardiness）」です。Kobasa（1979）は、ストレス度が極端に高いにもかかわらず、健康を保っている人たちはストレスの影響を受けない強いパーソナリティをもっているとして、その特性を「ハーディネス」と呼びました。一方で、レジリエンスはストレスに対して傷ついたり、落ち込んだりしてしまっても、そこから立ち直り、前に進んでいく力をさします。レジリエンスは、さまざまなストレスに傷ついて落ち込んでも、そこから回復する「心の強さ」です。さらに、強いストレスに対する経験によって、さらに成長するプラスの変化を「トラウマ後成長（Posttraumatic Growth）」と呼ぶ概念もあります。いずれにしても、図1に示すように強いストレスに対する「心の強さ」であることに変わりはありません。

図2に示すように、本郷（2015）は、レジリエンスの、復元力（一次的に落ち込んだとしても、比較的短期間で元の状態に回復するという側面）と、抵抗力（何らかのストレスを引き起こす原因や事態（ストレッサー）に直面しても不具合を起こしにくいと言う側面）の2つの側面をあげています。さらに、災害や虐待などによって生存の脅威に晒された状況（逆境）なのか、日常生活の中でストレスがかかる状況（日常）なのかという状況性という軸をこの2側面

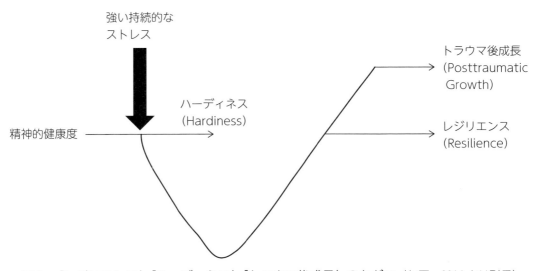

図1　「レジリエンス」「ハーディネス」「トラウマ後成長」のちがい（仁平，2014より引用）

に加えて、4つの領域を示しています。また本郷（2015）は、本来のレジリエンスは、逆境に晒されて一度は落ち込んでも、そこから回復するプロセスを狭義のレジリエンスとして、他の3つの領域も含めてレジリエンスを幅広い概念として捉えています。この分類の場合、ハーディネスとの境界があいまいになりますが、虐待や災害などのトラウマ経験からの回復と、日常のストレス経験からの立ち直りという点で、レジリエンスを捉えることができます。

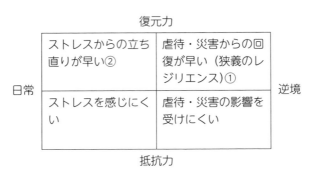

図2　レジリエンスの4領域（本郷，2015より引用）

そうすると、虐待や災害といった体験をしていなくても、「四苦八苦」という仏教の言葉があるように、日常生活を送っていく中でも私たちは、災害、病気、障害、人間関係の不和、仕事の解雇など、さまざまな苦境に出会います。

Reivich（2002）は、レジリエンスが関係する出来事を表1のように示しており、レジリエンスは、誰もが生きていく上で必要な力であることがわかります。虐待や貧困といった幼少期の逆境に関連する「打ち勝つ」や、人生を変えるような出来事（病気や災害など）からの「立ち直り」、そして「乗り切る」は日常生活の中での苦境に関するものです。図2の「虐待・災害からの回復が早い（狭義のレジリエンス）①」は「立ち直り」に、「ストレスからの立ち直りが早い②」は、日常生活の中での苦境に関するものなので、「乗り切る」になると考えられます。

いずれにしても、幼少期の逆境やトラウマ的な出来事だけでなく、誰もが経験する日常生活の苦境にもレジリエンスがあてはめられています。そのため、レジリエンスは、家庭崩壊や虐待といった、幼少期の困難を経験した人だけでなく、誰でも身につける必要があると言えます。

表1　レジリエンスの方向性（Reivich & Shatté, 2002を一部改変）

「打ち勝つ」：家庭崩壊、貧困、虐待といった幼少期の逆境に打ち勝つ
「乗り切る」：日々降りかかる苦境（友人や家族との口論、上司との意見の不一致、思わぬ出費）を乗り切る
「立ち直り」：人生を変えるような出来事（失業、離婚、病気、家族の死）からの立ち直り

part 1 レジリエンスとは

 レジリエンスの考え方と研究の流れ

　アメリカ心理学会（APA）は、レジリエンスを「その人がもっているかもっていないかという特性ではなく、誰でも学び、発展させることができる人々の行動や思考、行為に普遍的に含まれるもの」と示しています。重要な点は、レジリエンスをもっている人、もっていない人というのではなく、みんながレジリエンスをもっていて、それを育てていくことが可能であること、さらにレジリエンスは行動、思考などに含まれているという点です。つまり、学校や家庭で子どもたちのレジリエンスを育てていくことで、現在の困難状況からの回復と、そして将来、さまざまな困難を経験しても回復しやすいのではないかと考えることができます。

　レジリエンス研究の初期の研究として有名なのは、1950年代に始まったWernerとSmith（2001）による「カウアイ島研究」です。Wernerたちは、1955年に生まれた698名の子どもたちを40年という長期間追跡した、非常に貴重な研究を行いました。同じ年に生まれた698名の子どものうち、妊娠中の合併症、極度の貧困や親の精神疾患、離婚などの非常に厳しい環境にあった、いわゆるハイリスクの子どもは210名でした。こうしたリスクは、子どもの健全な成長に悪い影響を与えると考えられます。

　10歳の時点で、ハイリスクの子どもたちの3分の2が学習上の問題や、犯罪などの非行の問題を起こしていました。しかし、残りの3分の1の子どもたちは、ハイリスクではない子どもたちと同じように発達していたことがわかりました。貧困や家庭の不和などの逆境があったにもかかわらず、3分の1の子どもたちが適応していたのです。

　このような研究によりスタートしたレジリエンス研究は、心理学、精神医学、看護学、ソーシャルワークなどのさまざまな領域の研究者によって学際的な研究が進められており、心理学の歴史の中でも例がないほど研究の数が飛躍的に伸びています（仁平, 2014）。

　こうしたレジリエンス研究の変遷は、主に3つの波に分けられています（Richardson, 2002）。第一の波は、トラウマを乗り越えて、良好でない環境の中で自らの構築し続けていく能力を個人の素質として捉えています。例えば、家庭の不適切な養育の中でも社会的に適応した人の特性や能力は何かに着目しています。しかし、この捉え方は、そうした素質や能力をもっている人ともっていない人で分かれてしまう危険性がありました。

　そこで第二の波では、レジリエンスを素質ではなく、過程（プロセス）として捉えるようになりました。個人の素質や能力だけでなく、周りの人たちのサポートなども含めて、困難からの過程として考えるようになりました。

　そして第三の波は、これまでと違って、誰もがもつ「力」として捉え、誰もが自らのレジリエンスを構築できると捉えました。Tisseron（2007）は、レジリエンスの作用は、事故や病気、喪失といった例外的な出来事のみならず、思春期や中年期の危機、更年期や初老期の始まりなど、正常な発達段階の際にも介在するとしています。さらに、Tisseron（2007）は、「誰もが自らのレジリエンスを構築できるが、本人にとっては、いつどのように発揮されるのかは決し

てわからない」と述べています。つまり、レジリエンスは誰もがその力をもち、いつ発揮できるのかはわからないものの、人生の困難に出会った際に発揮できるように育てていくことができるということになります。

さらにTisseron（2016）は第四の波として、レジリエンスが社会的であると同時に経済的で、心理学的さらには政治的でもある各構成要素の中で考慮されるようになったとし、「強靭な都市」「打たれ強い会社」などのように集団を表現するのにも使われるようになっているとしています。先ほど述べた「国土強靭化」がその例です。日本の「強くしなやかな国民生活の実現を図るための防災・減災等に資する国土強靭化基本法」のように「国」という集団でレジリエンスを捉えているのは、第四の波に該当すると考えられるでしょう。

しかし一方で、日本の研究（特に子どもを対象とした研究）は、まだレジリエンスを素質や特性で捉えているものが多く、レジリエンスを誰もがもつ「力」として捉えた研究は少ないのが実情です。子どもたちが生きていく上で困難に出会ったときに発揮できるよう、その「力」を学校や家庭で育てられるような要因やプロセスで捉えていく必要があります。

❹ レジリエンスの要因は？

レジリエンスを構成するものとして、さまざまな要因や特性が指摘されています。例えば、図3にあるように小花和（2004）は、レジリエンスの要因を環境要因と内的要因に分け、環境要因として子どもの周囲から提供される要因（I HAVE）、内的要因として個人内要因（I AM）、子どもによって獲得される要因（I CAN）に分けています。

個人内要因（I AM）には、自尊感情、自律性（小花和, 2004）、決断力、内的統制感、精神的自立性（Richardson et al, 1990）、根気強さや楽観主義（Flach, 1997）など、個人の特性的な要因が多くあげられています。一方で、学習により獲得できるとされている要因（I CAN）には、ソーシャルスキル、衝動のコントロール、問題解決能力などが含まれています。

レジリエンスが、誰でも学び発展できるものとすれば、レジリエンスの要因を学習可能な要因で捉える必要があるでしょう。日本の中学生を対象とした平野（2015）の研究では、レジリエンスを獲得できる要因で捉え、「問題解決志向（ネガティブな出来事や対人関係のトラブルが起きた場面において、積極的に対処法を探り、解決的な行動をとろうとする）」、「自己理解（自分自身について、および自分の考えについて理解し、それを他者に伝えることができる）」や「他者心理の理解（他者の心理を読み取ることができる能力）」といった要因を見出しています。このように、レジリエンスを学習して身につけていくことができる要因として研究をさらに進めていく必要があります。

環境要因としては、安定した家庭環境や親子関係がレジリエンスと密接に関連していることが多くの研究で指摘されています。さらに、安定した学校環境も非常に重要であることもわかってきています。小林・五十嵐（2017）の研究では、小・中学生を対象とした調査で、学級風

環境要因	内的要因	
子どもの周囲から提供される要因 (I HAVE Factor)	子どもの個人内要因 (I AM Factor)	子どもによって獲得される要因 (I CAN Factor)
・家庭外での情緒的サポート ・安定した家庭環境・親子関係 ・家庭内での組織化や規則 ・両親の夫婦間協和 ・役割モデル ・親による自律の促進 ・安定した学校環境、学業の成功 ・教育・福祉・医療保障の利用可能性 ・宗教的（道徳的）な組織	・年齢と性 ・達成指向 ・共感性と愛他性 ・セルフ・エスティーム ・自律性 ・ローカス・オブ・コントロール ・好ましい気質 ・他者にとっての魅力 ・神聖なものへの希望・信仰・信念 ・道徳性、信頼	・コンピテンス ・問題解決能力 ・コミュニケーション能力 ・衝動のコントロール ・ソーシャル・スキル ・ユーモア ・根気づよさ ・信頼関係の追求 ・知的スキル

図3 レジリエンスの構成要因と特性 (小花和, 2004)

土が良好な状態であれば、そのクラスの子どものレジリエンスは停滞した学級風土のクラスの子どもよりも高いことを示しています。さらに、研究は2年にわたり行われ、学級風土が変化することで子どものレジリエンスがどのように影響を受けるかを調べています。その結果、学級風土の「学級への満足度」や「自然な自己開示」の得点が低下すると、子どものレジリエンスも低下していたことを明らかにしています。つまり、学級風土が変化することによって、子どものレジリエンスも変化することがわかったのです。

このことからも、家庭環境ももちろんですが、子どもたちが学級に対して満足し、自然に自己開示できるような学級づくりがレジリエンスを育てることにつながるといえます。

⑤ レジリエンスと身体との関連

レジリエンスは心理学的な要因だけではありません。最近は、脳科学的な研究がトピックとなり、脳を中心としたレジリエンスと体との関連が明らかにされてきています。例えば、ストレス応答や免疫、摂食、睡眠、情動など多くの体内活動に関連している視床下部―下垂体―副腎系が過反応を示す人はレジリエンスが弱いこと、脳の海馬はこの過反応を抑える働きがありますが、海馬が障害されるとレジリエンスが低下することがわかっています（作田ら, 2016）。

また、脳由来神経栄養因子は海馬でレジリエンスを強めることや（TaLiaz D et al, 2011）、ドーパミンはレジリエンスを強める方向に働くこと（作田ら, 2016）などさまざまな知見が得られています。さらに、習慣的に運動をする人は急性ストレスに対するレジリエンスが強いことも示されています（Childs, 2014）。こうしたことからも、身体的な要因や健康を維持するための生活習慣とレジリエンスが密接に関連していると考えられます。

小林（2017, 2018）は、日本の小・中学生の睡眠時間、食習慣、運動習慣とレジリエンスとの関連を明らかにしています。例えば、就寝時間では、小学生で午後11時以降、中学生で午前

0時以降に就寝している子どものレジリエンスが低いこと、起床時間では小・中学生ともに午前7時以降に起床している子どものレジリエンスが低いことがわかりました。さらに、小・中学生ともに、体育の時間以外でも積極的に運動している子どものレジリエンスが高いこともわかりました。つまり、レジリエンスは心理的、社会的な要因だけでなく、身体的な要因とも密接に関連していて、身体的な健康を維持するための生活習慣などにもきちんと着目していく必要があります。

⑥ レジリエンスを弱める要因

作田ら（2014）は、レジリエンスを弱める要因をあげています（表2）。筆者は、これを子ども向けに項目をしぼって使っています。表2を見ると、「運動不足」や「睡眠不足」は身体的な要因、ソーシャル・サポートなどに関連する「希薄な人間関係」は社会的な要因、そして「自己中心主義」といった考え方は心理的な要因、それぞれにレジリエンスを弱めてしまう要因があるのがわかります。

そこで、学級活動や学校保健委員会を活用するなどして、これらの項目にあてはまるものを減らす活動も考えられます。レジリエンスを高める積極的な取り組みができなくても、まずはレジリエンスを弱める要因を少なくすることも重要です。それは、表2からもわかるように、これらは特別なことではなく、ふだん学校や家庭で子どもたちに指導していることと同じであることがわかります。

「長時間のテレビやゲームはだめ」だけではなく、「テレビやゲームをやりすぎると、困難を乗り越える力であるレジリエンスが弱まってしまう」というように、レジリエンスにまで影響することを伝えていけるとよいでしょう。普段の教育活動、生徒指導にレジリエンスを関連させて子どもたちに伝えるようにします。

表2　レジリエンスを弱体化させるとみられる要因 (作田ら, 2014)

- 運動不足（スポーツをしない）
- 身体的不活発（長時間のテレビやゲーム、運転など）
- 自分中心主義（ちょっとした「不公平」にも敏感）
- 希薄な人間関係
- 肥満、ファストフード
- 単身（未婚、非婚、離婚、死別、単身赴任、収監）
- 睡眠不足
- 親の不適切な育児（ネグレクト、過保護）
- 喫煙

part 1　レジリエンスとは

小・中学生のレジリエンスは下がりやすい？

　レジリエンスは発達とともに変化していくことがわかっています。小林・五十嵐（2015）は中学生用レジリエンス尺度（石毛・無藤, 2006）を用いて、小学4年生から中学3年生までの発達によるレジリエンスの変化を調べました。それによると、「意欲的活動性（自分の判断や行動を見直して自ら問題解決をしようとする自立的な傾向）」では男女ともに小学4年生が高く、学年が上がるとともに下がっていきますが、男女では下がっていく傾向が異なっていたことを明らかにしています（図4）。

　「内面共有性（ネガティブな心理状態を立て直すために他者との関係を基盤にしようとする心性）」では男子よりも女子のほうが全体的に高く、学年が進むにつれて下がっていくこともわかりました。さらに、「楽観性（物事をポジティブに考える傾向）」でも学年が上がるにつれて下がっていきます。しかし、男子は小学5年生が中学2年生と同程度まで下がり、その後小学6年生で上昇していたことも示されています。

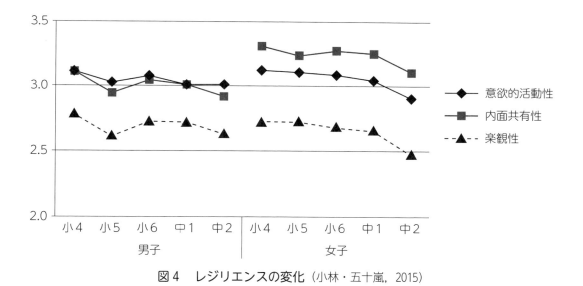

図4　レジリエンスの変化（小林・五十嵐, 2015）

　さらに、小林・五十嵐（2016）は、2年にわたる縦断調査から、意欲的活動性および内面共有性は最終学年になるタイミングで上昇幅が大きくなりやすいことを明らかにしています。しかし、この研究では「中1ギャップ」と言われる小学6年生から中学1年生にかけてレジリエンスの急激な低下は見られず、一方で小学4年生から小学5年生にかけてレジリエンスの下降幅が大きかったことがわかっています。最終学年は、子どもたちの「がんばろう」という気持ちが高まりやすくなると考えられます。

　このことから、発達的に小学4年生から中学にかけてレジリエンスは低下しやすいことがわかります。そのため、小・中学校を中心に子どもたちのレジリエンスを育てる関わりが必要であると言えます。

8 レジリエンスを育てる 10 のコツ

　アメリカ心理学会（APA）は、「Resilience Guide for Parents and Teachers」という資料を作成して、保護者と教師のために子どものレジリエンスを育てる 10 のコツを示しています。ここでは、APA が示した 10 のトピックごとに保護者や教師が行う関わりについての解説をしながら、日本の学校で子どもたちのレジリエンスを育てる実践例をあげていきたいと思います。この実践例は、約 60 名の小・中・高等学校の先生方にグループワークであげてもらった例に基づいて考えたものです。ふだん行っている教育活動とレジリエンスを育てる関わりが密接に関連していることがわかるでしょう。

1）つながりを築く

　共感する力や相手の痛みを理解する力など、子どもに友だちづくりのコツを教えます。友だちをつくるために、自分から声をかけるように促します。また、子どもが失望したり傷ついたりしたときは支えてあげられるように、家庭では家族の強い絆を築いておきます。学校では、子どもが一人孤立してしまわないよう注意しましょう。人とのつながりは社会的な支えとなり、レジリエンスを強化します。

〈学校での具体例〉
- 学級活動や道徳の授業などにソーシャルスキル教育を行う
- 縦割りによる活動（給食、体育祭などの学校行事）
- グループによる活動（係活動、委員会活動など）
- 子ども同士をつなぐ教師の言葉かけ
  （例「これは〇〇さんに教えてもらうといいよ」「これは〇〇さんもとても好きだと話していたよ」）

2）子どもに人を助ける経験をさせる

　人助けの経験は、無力感を感じている子どもに力を与えることができます。そのため、年齢に合ったボランティア活動や子どもができそうなお手伝いをさせてみてください。学校では、他の人を助ける方法について子どもと考えてみるとよいでしょう。

〈学校での具体例〉
- 愛校活動（そうじ、掲示物の作製の手伝いなど）
- 校外でのボランティア活動（高齢者、幼児とのふれあい、地域のそうじや祭りの参加など）
- 学び合いの授業（子ども同士で教え合う）
- 保健室でのお世話活動（来室カードの記入のお手伝いなど）

3）毎日の日課を守る

　規則正しい生活は、子どもに安心感を与えます。特に幼い子どもは、整った生活リズムを好みます。学校や家庭では、子どもが自分の生活習慣をつくるようにしていきます。

〈学校での具体例〉
- 生活リズムカードの記入
- チャイム着席（ノーチャイム）
- 朝読書
- 日課を固定し、できるだけ変えない

4）ひと休みする

　生活のリズムを守ることは大切ですが、悩んでばかりでは逆効果です。子どもが悩んでいるときは、他のことにも目を向けられるようにサポートします。また、子どもがふれるニュースやインターネット、耳にする会話などが子どもに不安を感じさせるようなものであれば、それらから離れる時間をつくりましょう。また、授業のある日でも子どもの創造力を育む自由時間をつくれるとよいでしょう。

〈学校での具体例〉
- 学級でのお楽しみ会、クラス会
- 校舎の中に子どもたちが（先生たちも）ひと休みする場所を設ける（図書室、談話室など）
- ノーメディアデー（家庭と協力して）
- 子どもと一緒に、その子が好きそうなものを見たり触ったりしながら話をする

5）セルフケアを教える

　教師や保護者がお手本となって、きちんとした食事や運動、休息をとることの大切さを子どもに伝えていきます。また大人は、子どもが楽しく遊べる時間をつくり、「ゆっくりできる時間」がなくなるような分刻みのスケジュールは組まないように心がけましょう。子どもたちが自分自身のケアができ、そして楽しい時間を過ごすことで、心は安定しストレスと上手く付き合えるようになります。

〈学校での具体例〉
- 休み時間をしっかり確保する。
- 家庭科で栄養や生活について、保健の授業で心と体の健康について教える。
- 参観会などで保護者と一緒に話をする。
- 教師もできるだけ定時で帰り、生活を楽しむ。
- リラックス法を行う。

6）目標に向かって進む

　達成できる目標を定め、その目標に向かって一歩ずつ進むことを子どもに教えていきます。どんなに小さな一歩でも、目標に向かって前進したら、その頑張りをほめられることで、子どもはできなかったことではなく、自分が成し遂げたことに目を向けるようになります。それが、困難に向き合い乗り越えるレジリエンスを高めていきます。学校では、子どもによっては、大きな課題を達成しやすい目標に小さく分けたり、課題の結果の良し悪しではなく、大きな目標に向かう中で得られた成果をほめたりしてあげるとよいでしょう。

〈学校での具体例〉
- 学級目標やクラス目標、個の目標を立てて、ふりかえりをする。
- 運動会などの学校行事で目標をもたせる。
- 自分ががんばりやすい目標を立て、一週間ごとにふりかえり、ほめる（持久走、百ます計算、漢字テストなど）。
- 授業で今日の目標を書く。

7）自己肯定感を育む

　過去に乗り越えた困難を思い出させて、その経験が次の試練に立ち向かう力となることを子どもが理解できるようにサポートします。また、子どもが自分を信じて問題を解決し、適切な決断ができるようにします。ここでは、人生を楽観的に見ることや自分の短所を自覚させることも大切です。学校では、一人ひとりの働きがクラス全体のためになることも示すとよいでしょう。

〈学校での具体例〉
- 帰りの会で、友だちのいいところを見つける活動を行い、認め合う。
- 部活動等で、今までできなかったところができたりクリアできたりした点をほめる、認める。
- 自分の長所や短所を見つめる活動をして、短所をリフレーミングしてみる。

8）事実を正しく捉え、楽観的な見通しをもつ

　子どもが心の痛む出来事に直面したときでも、幅広い視野と長期的な視点から物事を見ることができるようにします。子どもが自ら長期的な目線で物事を考えるのは、難しいかもしれません。しかし、今自分が置かれた状況を乗り越えた先には、よりよい将来があることを理解できるように支援していくことは大事です。楽観的で前向きな見通しをもつことで、子どもは人生のよき出来事に目を向け、逆境を乗り越えることができます。学校では、歴史を参考にして、悪い出来事があった後も前に進むことができることを示すとよいでしょう。

〈学校での具体例〉
- 道徳では偉人の伝記、社会の歴史などを用いて、戦争などの困難が起こっても、その後、復興（回復）していることを例にして、悪いことが起こった後も前に進んでいけることを伝える。

- トラブルの出来事を別の角度から見たらどうなるかを考えさせる。
- 事実を正しく捉えるために、冷静になるために気持ちが落ち着くワークをやるなど、感情のコントロールを教える。

9）自己発見のきっかけを探す

子どもは、苦難を経験することで自分と向き合うことができます。直面する状況から「自分の力」を学べることに気付けるように支援します。学校では、困難を乗り越えた結果、そこから学んだことを話し合いましょう。

〈学校での具体例〉
- トラブルを乗り越えたときに、トラブルにどのように対処したことでうまくいったのか等を個別で話をしながら一緒に考える。
- トラブルを乗り越える前と後で、どのようなところが成長したかを考える。

10）人生に変化はつきものだと受け入れる

子どもや青少年は、変化に恐怖を感じます。人生に変化はつきもので、達成できない目標は再設定できると伝えます。学校では、学年と共に子ども一人ひとりがどのように変わったかのかその変化を示し、変化が学校や家庭生活にどう影響したのかを話し合ってみましょう。

〈学校での具体例〉
- 入学したときと今の自分を比べて、成長したところを考える。
- クラス替えの前に不安を感じても、実際にクラスが新しくなったら、なんとなくできていることに気づかせる。

❾ レジリエンスを育てる「富士山モデル」

1）学校はレジリエンスを育てることを目標としている

子どもたちが困難に出会い落ち込んでも、そこから立ち直ったり、その困難をどうにか乗り切ろうとしたりする力を育てようと願う気持ちは、古今東西関係なく、大人が子どもに願う力なのかもしれません。

表3は学校教育目標の一例です。さまざまな学校教育目標を眺めてみると、いかに学校が子どもたちにレジリエンスをつけさせたいと願っているかがわかります。そのため、学校はこれまでの教育活動の中で、レジリエンスを育てる活動を自然に取り入れてきたと考えることもで

表3　学校教育目標の一例

- 最後までやり抜く心や態度を身につける
- 失敗を恐れず、自分で考え行動する生徒
- 自らの道を自らの力できり拓く生徒

きます。

2）日本の社会、文化の中にあるレジリエンス

　例えば、宇野（2018）は、ペンシルベニア大学の社会人向けトレーニングの概要について紹介しています。7つのレジリエンススキルを習得するためのワークが取り上げられ、とても参考になるものです。一方で日本は、東日本大震災のような災害が昔から多く、さらに戦争や原爆で大きな被害を受け、世界レベルで考えても非常に大きな困難を経験し、そこから復興してきた国です。とするならば、日本の社会、文化、生活の中にレジリエンスにつながる要因が含まれているのではないかと考えました。

　困難から何度も復興してきた日本の、社会、文化、そして学校教育で大事にされてきた要素を尊重したレジリエンスのモデルが日本になじむのではないかと考えました。そして考案したのが、「心」「技」「体」の要素を取り入れた「富士山モデル」です（図5）。

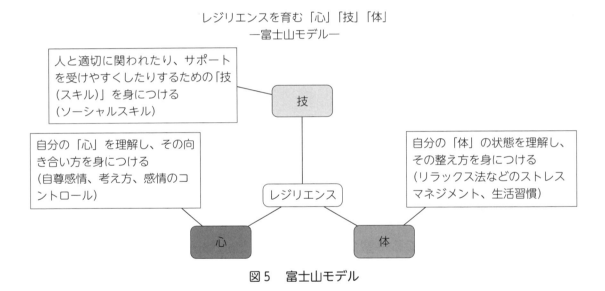

図5　富士山モデル

3）富士山モデル

　富士山モデルの理論的背景を説明します。レジリエンスは「身体」―「心理」―「社会」問題との関連が指摘されています（Hoge, et al, 2007）。また満留（2014）は、レジリエンスをWHOの「健康」の定義で示されている3つの要素「からだ」「こころ」「社会」の3つの面から考えていかなければならないと指摘しています。

　このことからも、レジリエンスは心理的、社会的な側面だけでなく身体も含めた枠組みで考えていくことが必要です。そのため、富士山モデルでは、レジリエンスを「心」「技」「体」の3つの側面で捉えることにしました。また、先述したように、学校で育てていくためには、レジリエンスを特性的な要因で捉えるのではなく、子どもが学習して身につけていける要因で捉えていく必要があります。

　では、「心」「技」「体」にはどのようなものが含まれているのかを見ていきましょう。まず、「心」は自分の心を理解し、自分の心と上手に付き合う方法を身につけることをうながす側面です。これまでの先行研究で指摘されてきたレジリエンスの要因では、「考え方」「自尊感情」「感情統制」「感情理解」などが考えられます。

　「技」は、周りの人たちと適切に関わることができ、さらに周囲からのサポートを受けやすくするためのスキルを身につけるということで、「ソーシャルスキル」などがあげられます。藤野（2015）は、子どもの社会性の発達にとって重要な3つの要素として、「ソーシャルスキル」「自尊感情」「レジリエンス」をあげ、それらは相互に関係しあっているとしています。そして、レジリエンスを高めるための方向性として、①感情を切り替える方略を学ぶこと、②努力して少しずつ目標を達成し、成功経験を積んで自己効力感を高めること、③ソーシャルサポートの期待による安心感をもつこと、の3点をあげています。これを富士山モデルにあてはめてみると、①②は「心」、③は「技」と考えることもできます。

　「体」は自分の体の状態を理解し、その整え方を身につけることとして、リラックス法などの「ストレスマネジメント」、生活の基本となる生活習慣をきちんと行えることなどがあげられます。

4）「心」「技」「体」のバランスをとる

　富士山の写真を見ると、ほとんどの人がその姿を見て「美しいな」と思うことでしょう。実際に私たち日本人だけでなく、日本を訪れた多くの海外の方々も富士山の美しさに魅せられると言います。その美しさは、富士山の形のバランスにあると思います。

　富士山の形を三角形で捉えると、三角形がとがっていたり、平べったい形ではなく、三辺がバランスよく立っています。富士山モデルでは、「心」「技」「体」が三角形になるように配置しています（図6）。そして、子どもたちの「心」「技」「体」の三角形の状態を把握して、それをバランスのよい形に整えていくことを大事にします。

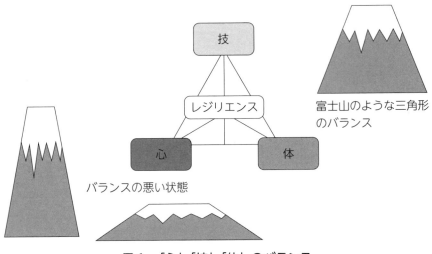

図6 「心」「技」「体」のバランス

5）実践のバランス

富士山モデルでは、1つの実践の中に3つの側面が含まれ、実践の内容によってそれぞれの側面の強度が異なると考えています。例えば、感情のコントロールは、自身の感情に気づくといったところは「心」の部分になりますが、感情をコントロールして相手にどのように伝えるかといった側面は「技」としても考えられます。また、生活習慣も「同じ時間に寝る」ことは「体」になるものの、同じ時間に就寝できるようにテレビを見るのを止めるといった自律性に関わる部分は「心」ともいえます。そのため、実践は、「心」「技」「体」の側面がどの程度含まれているのかというように考えていきます。

図7は、富士山モデルと、先述したAPAの10のコツとの関連を示したものです。APAの10のコツが「心」「技」「体」の3つの側面に重なっていることがわかります。そのため、レジリエンスを包括的に捉え、そして、「心」「技」「体」のそれぞれの側面に働きかける実践を行っていくことが重要であることがわかります。

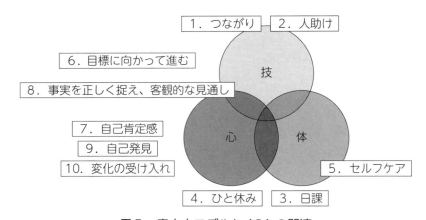

図7 富士山モデルとAPAの関連

6）モデルの特徴と効果

　富士山モデルに基づいた実践は、2013年度から静岡県内で進めています。日本の社会や教育で大事にされてきている「心」「技」「体」の考え方を取り入れているため、先生方（子どもや保護者も）がイメージしやすいことや、特別なレジリエンスプログラムの導入が前提ではなく、学校教育活動を基礎として、ふだんの教育活動においてレジリエンスの「心」「技」「体」を意識して、足りない部分やプラスでできそうなところから始めていきます。今の学校現場の状況から先生方の負担感も考慮して、先生方ができていることを活かして進められることも特徴です。

　このモデルで実践を行った結果、小学校でレジリエンスが上昇し、さらに中学校では思春期に入ると下がりやすいレジリエンスの低下を抑制できることもわかりました（小林ら，2017：勝沢・小林，2017）（このモデルによる効果は p.9 に具体的に述べられています。）。

　こうしたエビデンス（科学的な根拠）の積み上げもなされながら、富士山モデルは「Made in Japan」で、かつ日本の学校になじむ形で、日本の先生方の知恵を取り入れたモデルであることから、多くの学校で子どもたちのレジリエンスを育てる枠組みとして取り入れやすいでしょう。

●引用文献

Childs, E. and de Wit, H. (2014) Regular exercise is associated with emotional resilience to acute stress in healthy adults, Frontiers in Physiology, 5, 52-58.

Flach, F. F. (1997) Resilience: The Power to Bounce Back When the Going Gets Tough! New York: Hatherleigh Press.

藤野博（2015）発達障害のある子どものレジリエンスの支援を考える、特別支援教育研究、696、8-11、東洋館出版社.

平野真理（2015）レジリエンスは身につけられるか、東京大学出版会.

Hoge, E. A., Austin, E. D., & Pollack, M. H. (2007) Resilience: Research evidence and conceptual considerations for posttraumatic stress disorder. Depression and Anxiety, 24, 139-152.

本郷一夫（2015）人との関係を通して育つレジリエンス、特別支援教育研究、696、2-7、東洋館出版社.

石毛みどり・無藤隆（2006）中学生のレジリエンスとパーソナリティとの関連、パーソナリティ研究、14、266-280.

勝沢たえ子・小林朋子（2017）生徒のレジリエンスを育むための手立てを探る：養護教諭による「心技体」の富士山モデルの取組、静岡大学教育実践総合センター紀要、26、241-248.

小林朋子・五十嵐哲也（2015）小中学生におけるレジリエンス、社会的スキルおよびストレス反応の発達段階における違いについて、第26回日本発達心理学会発表論文集、P5-099.

小林朋子・五十嵐哲也（2016）児童生徒のレジリエンスに関する縦断的研究、第27回日本発達心理学会発表論文集、247.

小林朋子・石田秀・大森純子（2017）子どものレジリエンスを育てるための「心・技・体」による包括モデルの実践、静岡大学教育学部研究報告　人文・社会・自然科学篇、67、89-103.

小林朋子・五十嵐哲也（2017）小中学生のレジリエンスと学級風土との関連、第28回日本発達心理学会発表論文集、289.

小林朋子（2017）小中学生のレジリエンスと生活習慣との関連について、第64回日本学校保健学会学術大会講演集.

小林朋子（2018）小中学生のレジリエンスと生活習慣との関連について（2）、第29回日本発達心理学会発表論文集、350.

Kobasa, S. C. (1979) Stressful life events, personality, and health: An inquiry into hardness, Journal of Personality and social Psychology, 37, 1-11.

満留昭久（2014）からだの病気と抵抗力・回復力、児童心理、68（11）、58-63.

仁平義明（2014）レジリエンス研究の現在、児童心理、68（11）、13-20.

小花和 Wright 尚子（2004）幼児期のレジリエンス、ナカニシヤ出版.

Reivich, K. & Shatté, A. (2002) The Resilience factor: 7Keys to Finding Your Inner Strength and Overcoming Life's Hurdles, Broadway Books（訳）宇野カオリ（2015）レジリエンスの教科書：逆境をはね返す世界最強のトレーニング、草思社.

Richardson, G. E., Neiger, B. L., Jenson, S., & Kumpfer, K. L. (1990) The resiliency model. Health Education, 21, 33-39.

Richardson, G. E. (2002) The metatheory of Resilience and Resiliency, Journal of Clinical psychology, 58, 307-321.

作田英成・伊藤利光（2014）レジリエンスを鍛える、防衛衛生、61、1-11.

作田英成・伊藤利光（2016）レジリエンスを修飾する遺伝的・環境的要因、防衛衛生、63、61-70.

Taliaz, D., Loya, A., Gersner, R., Haramati, S., Chen, A., and Zangen, A. (2011) Resilience to Chronic Stress Is Mediated by Hippocampal Brain-Derived Neurotrophic Factor, The Journal of Neuroscience, 31, 4475-4483.

Tisseron, S. (2007) La Resilience. Paris: Presses Universitaires de France（訳）阿部又一郎（2016）レジリエンス 心の回復とはなにか、白水社.

宇野カオリ（2018）逆境・試練を乗り越える！「レジリエンス・トレーニング」入門、電波社.

Wener, E. E., & Smith, R. S. (2001) Journeys from Childhood to Midlife: Risk, Resilience, and Recovery. New York: Cornell university press.

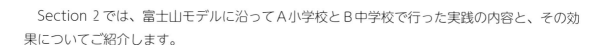

モデルに沿った実践

Section 2では、富士山モデルに沿ってA小学校とB中学校で行った実践の内容と、その効果についてご紹介します。

1 A小学校での実践

1）実践の概要

A小学校では富士山モデルに基づき、「心」「技」「体」の3つの要素のバランスを意識して実践を行いました（図1）。

① 「保健室での個別指導」：自己表現力や自己管理能力を高めていくことをねらいとした実践で、自分の状態や思いを相手に伝える「技」と、自分の体と向き合う「体」の要素が入っています。しかし、「技」と「体」が育つことで、保健室での関わりが依存から能動的になるといった自律につながる「心」の要素も含まれるため、3つの要素が重なる実践となりました。

② 「生活リズムチェック…今日のハッピー」：生活の改善と新学期への前向きな気持ちをも

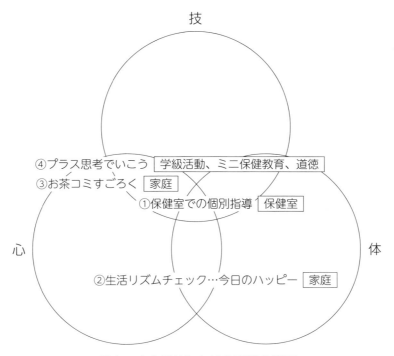

図1　A小学校における実践の概要

つことをねらいとした実践で、心身の健康状態に関心を向ける「体」と、嬉しいこと・楽しいことに目を向け、感情をコントロールする「心」の要素が強い実践となりました。

③ 「お茶コミすごろく」は、自己表現力を高めることや自分や他者の受容を促すことをねらいとした実践です。すごろくのお題に答えることを通して自分の意見や考えを伝え、相手の意見や考えを聴く「技」と、自分の思いを人に話すことで自分の心の状態を向き合うことや相手の話を聴くことで相手を理解する「心」の要素が強い実践となりました。お題には健康生活に目を向けた内容が含まれているため、「体」の要素としても考えられます。

④ 「プラス思考でいこう」は、問題解決に向けて物事をプラスに考え、前向きになる考え方を学ぶことをねらいとした実践で、授業を通して自分の思考タイプを知る「心」と、出来事への捉え方や視点を変える方法を学ぶ「技」の要素が強い実践となりました。

2）実践の内容

① 保健室での個別指導　保健室（全校児童）

日常の保健室での関わり方を工夫することによって、自己表現力や自己管理能力を高めることができると考え、「来室時につけたい力」（表1）を設定し、対応時のおさえとして関わりました。

表1　来室時につけたい力

コミュニケーション力	・学年、組、名前・来室理由（いつ、どこで、どうした）を言うことができる。 ・「ありがとう」を言うことができる。
応急処置ができる力	・受傷部位の水洗い、止血等、自分で手当をすることができる。 ・応急処置の経験を活かし、次回に役立てることができる。
危険予知、自己管理力	・けがの原因と予防策を考えることができる。 ・問診により体調不良の原因に気づき、改善策を考えることができる。

「○○してもらう」という依存の関係から「○○する」という能動的な来室になり、自分の言葉で伝えること、けが・病気の予防、手当の知識を得て、自分自身の生活に役立てることにつながり、自己管理能力を高めることになりました。

② 生活リズムチェック…今日のハッピー　家庭

毎日の生活を見直すことにより、心身の健康状態に関心をもち、生活の改善につなげるために、学期始めや感染症流行期に実施しました。使用した「生活リズムバッチリカード」には、基本的な生活習慣だけでなく、心の健康にも目を向けるために、心の状態をお天気で表す「心のお天気はどれ？」や、前向きな考え方やよい方向に考えるきっかけとなる「今日のハッピー」の項目を入れました（資料1）。「睡眠が足りないから『曇りマーク』」「疲れたけれど頑張

ったから『晴れマーク』」など、点検を通して心と体がつながっていることに気づくことができました。

　また、「今日のハッピー」では、「朝ご飯がおいしかった」「赤ちゃんの妹がいっぱい笑った」「鼻血が出たら心配してくれた」「席替えをしたら『よろしくね』と言われて、もっと仲良くしようと思った」など、日常の小さな出来事に幸せを感じたり感謝の思いをもったりするようになりました。

③　お茶コミすごろく ｜家庭｜

　お茶の間を家族のふれあいの場所とし、家族がお互いに関心を向けることや理解を深めていくことをねらいとして、お茶コミすごろくを実施しました（資料2）。すごろくのお題には「手

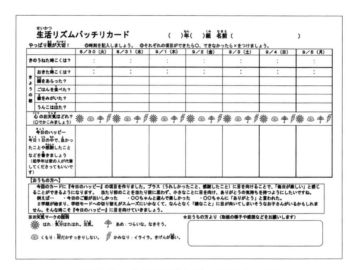

資料1　生活リズムバッチリカード

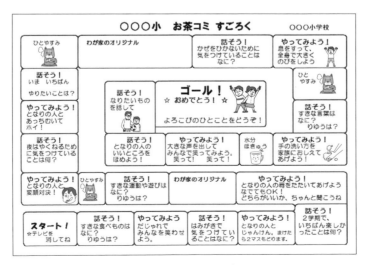

資料2　お茶コミすごろく

の洗い方を家族におしえてあげよう！」「かぜをひかないために気をつけていることはなに？」「となりの人のいいところをほめよう！」「あなたの夢やなりたいものを話して」など、心と体に関わる内容を入れました。お題に答えることを通して、自分の考えを言うことや相手の考えを聴く力を身につけたり、自分が知らない家族の一面やお互いのよさに気づいたりする機会になりました。

　②、③の実践を通して、家族、友だち、先生の存在が自分にとって心のより所であり、自分には安心できる場所があることを確認できました。また、自分の思いを書いたり人に話したりすることは、自分の心の状態と向き合い、自己受容を促すことにつながると考えられます。

　④　プラス思考でいこう　学級活動、ミニ保健教育、道徳

　基本的なスキルを身につけるために、年齢に合わせた対人関係スキル学習を「人間関係づくり年間計画」に位置づけ、学級活動で実施しました（資料3）。また、「身体測定後ミニ保健指導」でもスキル学習を実施しました。

　指導の流れ

ミニ保健教育「プラス思考でいこう」4年生

〈ねらい〉
　いろいろな出来事をよい方向に考えることで心が楽になることに気づいていきます。

〈活動記録〉
①　ある出来事を書いたプリントを配布し、自分の考え方に近いほうに〇をつけ、選んだ理由を発表します。

　【出来事】ドッジボールをしたとき、たかし君のミスで負けた。
　さとる君：たかし君のせいで負けてしまった。勝てるところだったのに。
　みのる君：勝つこともあれば負けることもあるよ。次はがんばるぞ。

②　プラス思考と間違ったプラス思考について説明します。
③　①とは別の出来事についてプラス思考で考え、ワークシート（資料4）に記入します。
④　プラス思考で考えることで、どのような気持ちになるかを発表します。

　プラス思考・マイナス思考を「考え方のクセ」と表現したことで、自分はどのタイプなのか、自分自身のことを考える機会になりました。さらに、日常で起こりうるケースを選択したり具体的な対応を考えたりすることで、プラス思考への理解が深まりました。

　このように「人間関係づくり年間計画」「身体測定後ミニ保健指導」などの対人関係スキルを学年や学級の実態に応じて計画的に実施することで、自分を振り返ることや友だちとの感じ方の違いに気づくことができ、相手を意識することにつながりました。

part 1　レジリエンスとは

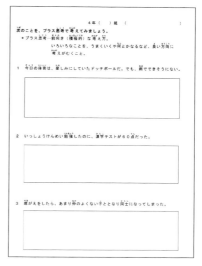

資料3　人間関係づくり年間計画　　　　資料4　ワークシート

3）子どもの変化

　A小学校ではこうした実践を3年間行いました。こうした実践を経験してきた子どもたちの変化を図2に示しました。統計的に解析したところ、レジリエンス尺度の「意欲的活動性」で、2013年度及び2014年度に比べて2015年度が高くなっていたことがわかりました。また、「楽観性」も、2014年に比べて2015年度が高くなっていたことが示されました。このことから、A小学校では3年間の取り組みを通して、児童のレジリエンスを高めることができたことが示されました（小林・大森・石田，2017）。

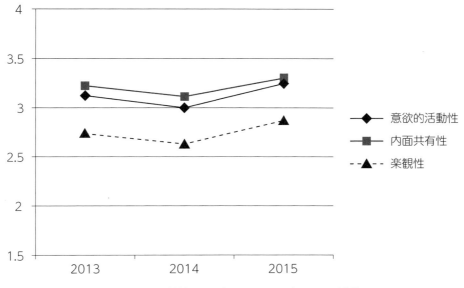

図2　A小学校のレジリエンスの各因子の推移

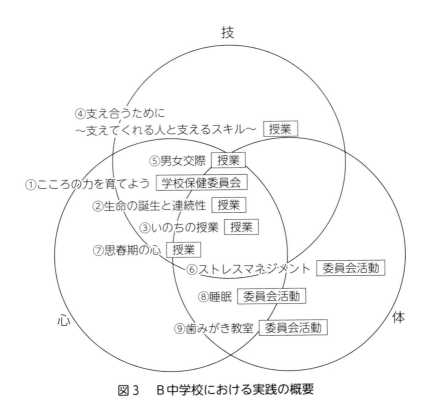

図3　B中学校における実践の概要

② B中学校での実践

1）実践の概要

　B中学校では富士山モデルに基づき、「心」「技」「体」に関する3つの要素を意識しながら、学校保健委員会、授業、委員会活動の場を通して実践を行いました。特に、性に関する指導において「技＝関わり方」を意識して進めることにしました。また、一つの実践の中に「心」「技」「体」の3つの要素を意識しながら内容を考えました。図3は、「心」「技」「体」を意識している割合がわかる位置に実践名を入れたものです。図3にある9個の実践を行うことで、「心」「技」「体」のバランスがとれるようにしました。

2）実践の内容

① こころの力を育てよう〜自分の価値を高めて、前向きに生きていこうとする力〜

学校保健委員会（その後の関連活動も含む）（全校生徒）

　はじめに、「自尊感情」と「ストレス反応」アンケートを実施し、その結果を参考にして、保健委員が寸劇を入れて問題提起をしました。

　○○中生のストレス…M君の悩み（アンケートから保健委員が考え、DVDを作成）
　　初心者で始めた野球部のM君。うまくいかないため「やめたい」と口にしてしまう。

part 1 レジリエンスとは

> 同級生は、「一緒にがんばろう！」と励ますが、先輩は、「逃げてやめるのではなく、野球が好きか嫌いか、自分で決める」とアドバイス。M君はどうするか…？

次に、専門家の方の講話を聞き、どうすれば自分の価値を信じ、自信がもてるようになるかを考え、「悪いことに目を向けるより、なりたい自分を意識して前向きな考え方になれるような健康標語」を考えました。

学校保健委員会を終え、教職員に中学生時代の失敗談や回復方法を紹介してもらいました。そして、「立ち直り曲線」の図にそれらの体験談と生徒へのメッセージを入れて掲示しました。悩んでいる人や困ったことがある人は、考え方や行動など参考にしてもらえたらいいなと思いました。

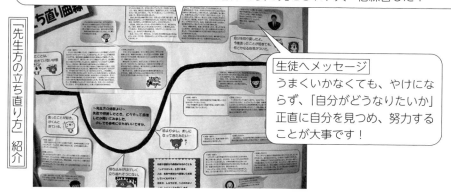

（失敗談）2年生からレギュラーで活躍するが、態度が悪く、試合に出してもらえない。
（回復方法）先輩が後輩を一生懸命に応援する姿を見せられ、人一倍練習した！

生徒へメッセージ
うまくいかなくても、やけにならず、「自分がどうなりたいか」正直に自分を見つめ、努力することが大事です！

「先生方の立ち直り方」紹介

「自分は価値がないわけではなく、誰にでも能力はある」「思い込みしだいで自分の可能性が広がることを知り、前向きな考え方をしたい」などの感想から、自己肯定感を高めることにつながりました（心）。また、学校保健委員会後の健康標語や先生方の立ち直り方を知らせることで、ストレスと向き合い、体の健康を意識した生活を送り（体）、さらに人との関わり方や立ち直り方のスキルを学ぶこと（技）ができるようになりました。

② 生命の誕生と連続性　　授業（2年生）

かけがえのない生命として誕生した自分を見つめ、自分のよさを見直す機会としています。

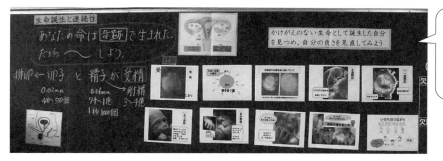

これは基本の板書ですが、自分で用意した教材を使用して授業を行う担任もいました。

両親、祖父母と連続した命の尊さ、家族の支えが応援団でもあり、これから目標をもって前向きに生きていけるように、学級担任が個性を活かしながら授業を行いました。

③　いのちの授業　　授業（1年生）

　助産師を講師に迎え、妊婦さんから胎児の心音を聞かせてもらったり、出産の様子を寸劇で体験したりしました。

　生命の誕生に関する授業では、神秘さや体の仕組みを学びながら（体）、親や家族への感謝の気持ちをもつことで、関わり方も学ぶことができました（技）。そして、「自分がここにいることはすごいことだ」「自分が生まれてくることはしっかり意味がある」「自分を大切にしたい」という感想がとても多く、自己肯定感を高めることにつながりました（心）。

④　支え合うために〜支えてくれる人と支えるスキル〜　　授業（2年生）

　B中学校では、自他を大切にする「関わり方」を学ぶ機会を、性に関する指導の時間を通して進めていました。そのため、いろいろな価値観や考え方を出し合い、お互いを知るためにグループでの話し合いやワークショップを積極的に取り入れて実施しました。ここでは、自分の身近にいる人を確認し、友だちは、トラブルもあるがサポートしてくれる、とても影響力が大きい存在であることを感じることができるような授業を考えています。そのために、グループで話し合って、同性と異性のそれぞれのよさを見つけます。そして、異性への関わりが苦手な生徒にもワークシートを用意して、関わり方のスキルを考えられるようにしています（この実践はp.82に載っています）。

⑤　男女交際　　授業（3年生）

　相手を理解しようとすること、自分も相手も互いに大切にする交際をしていくために大事なことを考えさせました。ワークショップで「恋愛ラブストーリーづくり」を行い、男女が自分たちの未来をイメージし、性が生き方と深く関係していくことを理解させます。いろいろな価値観を出し合うことで、将来像を考えたり、互いを認め合ったりすることができます。

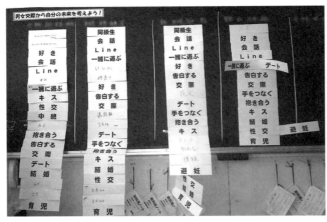

参考図書『ワークショップで保健の授業！』東山書房

恋愛をテーマとしながら関わりを学ぶ授業では、「人と自分の意見は異なるので、お互いを理解し合い大切にしていきたい」「恋愛は人と人のぶつかり合いかもしれない」と感じるようになりました。また、グループ活動などから、人との関わりスキルを学ぶようになってきています。

⑥ ストレスマネジメント　　保健委員会活動（全校生徒）

新しい生活に慣れ、ストレスがたまりやすい5月後半から6月に5回に分けて、各クラスの保健委員がストレスについて、保健委員会だよりを配布して説明しました。ストレスを理解し、その対処法やつき合い方を学び、時には一緒にリラックス法を体験してもらいました。

タイトル	主な内容
ストレスについて考えよう！ 第1回 ストレスって何？ 保健委員会	第1回「ストレスって何？」 ・ストレスとは、心が刺激され、心にゆがみが出ること ・大脳の部分に心があり、感じたり考えたりしている ・ストレスを感じると体に起こる変化は、脳が指令を出している 参考資料『保健指導用提示ソフト　まかせて！健康教育シリーズ「心の健康編」』スズキ教育ソフト
ストレスについて考えよう！ 第2回 心に起こる変化？ 保健委員会	第2回「心に起こる変化？」 ・不安や憂うつな気分になる ・集中力がなくなる、眠れなくなる ・体と心だけでなく、行動面にも変化が出る
ストレスについて考えよう！ 第3回 良いストレス 保健委員会	第3回「良いストレス」 ・よいストレスで自分を伸ばすこともできる ・押しつぶされた心は、元に戻ろうとする力もある ・ストレスに強い4つのタイプ 参考資料『ストレスマネジメント・ワークブック』東山書房
ストレスについて考えよう！ 第4回 リラックス法 保健委員会	第4回「リラックス法」 ・音楽、読書、映画、スポーツなど好きなことや趣味を楽しむ ・リラックス法の体験 参考資料『支援者のための災害後のこころのケアハンドブック』静岡大学
ストレスについて考えよう！ 第5回 前向きな考え方 保健委員会	第5回「前向きな考え方」 ・前向きになるような言葉を言おう ・ひとりで悩まず相談しよう ・ストレスとじょうずにつき合っていこう

「ストレスって何か、わかったことで少し気持ちが楽になった」「成長するために必要なストレスもある」「リラックス法がよかった」など、自分の心と体と向き合うことができました。

⑦ 思春期の心　　授業（1年生）

思春期に現れる感情をあげ、自分にあてはまるものを見つけてもらいました。次に、不安やイライラが起こったときの感情をコントロールするスキルを学び、体験することをしました。

「感情をコントロールするスキルを知ることができた」「深呼吸や自己会話は、今まで無意識にやっていた」など自分の心と向き合うことができました、さらに「身につけて、その場で対応できるようにしていきたい」と今後への活かし方まで学びました。

⑧ 睡眠　　委員会活動（全校生徒）

生活環境の変化から就寝時刻が遅くなってきています。そこで、少しでも睡眠について理解し、意識をさせるために生活調査を実施しました（p.57の生活リズムチェックカードを参照）。そして、睡眠に関する情報や調査結果を掲示したり、保健だよりで知らせたりしました。また、これらの内容は、昼の放送で保健委員が説明し意識の継続に努めました。

⑨ 歯みがき教室　　委員会活動（全校生徒）

各クラスの保健委員が、事前に歯科衛生士から「歯肉炎の予防」「自分の体を大切にする歯みがきとは」などを学びます。その後、昼休みに1クラスずつ「歯みがき教室」を実施し、歯科衛生士から教えてもらったことを伝達して、歯垢の染め出し剤を使って歯垢を取る歯みがきを体験しました。

B中学校では、「自分を大切にする健康管理」として、歯みがきを重要視して取り組みました。睡眠、歯みがきなど基本的な生活習慣を身につけることが、心の安定や健康の自己管理につながります。さらに、生活リズムチェックなどから、きちんとした生活習慣を送ることで自己肯定感が高まることを、生徒自ら感じることができました。そして、レジリエンスを高めるために「生活習慣を整えよう」とする意識がB中学校では非常に高まりました。

3) 子どもの変化

3年間の実践を経験したB中学校の生徒のレジリエンスについて確認したところ、図4のように、レジリエンス尺度の「意欲的活動性」「内面共有性」「楽観性」のいずれにおいても統計上の有意な差が認められませんでした（小林ら，2017）。しかし、この研究では、この実践を受けていない他の中学生との比較を行っていません。実は、小林・五十嵐（2015）は中学生になって学年が上がるごとにレジリエンスが低下していくことを明らかにしています。そのため、実践を3年間行ってきて何も変化がなかったということは、中学生になって起こるレジリエンスの低下が抑制されたと考えることができます。

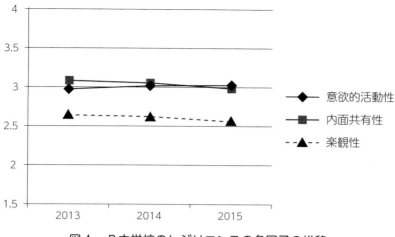

図4　B中学校のレジリエンスの各因子の推移

　今後、さらなる検証が必要ですが、富士山モデルによる実践で中学生でのレジリエンスの低下が抑制された可能性が高く、興味深い結果と言えます。

● 引用文献

　小林朋子・大森純子・石田秀（2017）子どものレジリエンスを育てるための「心・技・体」による包括モデルの実践、静岡大学教育学部研究報告　人文・社会・自然科学篇、67、89-103.

● 参考文献

　深谷昌志監修、深谷和子・上島博・子どもの行動科学研究会・レジリエンス研究会著（2009）子どもの「こころの力」を育てる―レジリエンス―、明治図書
　渡辺弥生・小林朋子編著（2013）10代を育てるソーシャルスキル教育［改訂版］　感情の理解やコントロールに焦点を当てて、北樹出版

分析シートの活用と学校での進め方

① 分析シートの活用

　ここまで読んできて、「レジリエンスの大切さや富士山モデルはわかったけれど、自分の学校で子どもたちのレジリエンスを育てていくために、何から始めたらよいのかがわからない」と思う先生方もいらっしゃるでしょう。そこで、まずは分析シートを使って、現在行っている実践について「心」「技」「体」をどの程度意識して行えているのかを分析してみましょう。そこから、現在の実践の課題が見えてくるかもしれません。

〈STEP 1〉

　保健室、学級や学校での教育活動を分析シートに書き出します。そして、それぞれの活動を、「心」「技」「体」の要素をどの程度意識して行えていたかを5段階で評価します（☆を塗りつぶします）。ここは主観的な評価で構いません。p. 31の分析シートの記入例を参考にしてください。

〈STEP 2〉

　次に、塗りつぶした「☆」の数を「合計」に記入します。「全体に占める割合」を算出したら、レーダーチャートを書いてみます。割合（％）やレーダーチャートの分布を踏まえて、どの要因を補うとバランスがよくなるかを考察します。

　例えば、p. 31の記入例では、「心」は40％、「技」が20％、「体」が87％という結果になりました。この例は養護教諭の先生ですので、「体」が中心になりますが、「技」や「心」ももう少し意識できるとよいかなという課題点が見えてきました。

　☆が偏っているところがあれば、どのような活動を通して補っていくかを考えます。ここで大事な点は、レーダーチャートの「心」「技」「体」の△を大きくすることではなく、正三角形のように3つの要素のバランスがよくなるようにすることです。

〈STEP 3〉

　「レーダーチャート図を見て考えたこと」に基づき、かつ学校の状況等に応じた実践計画を立て、実践を行います。

《分析シートの記入例》

分析シート （○○年 2 月19日）学校名：富士山中学校　分析者：養護教諭 羽生

Ⅰ　実践の振り返り（　　○○年度）

> 実践活動を記入していきます。

> 評価は主観的ですので、できていると思う分、☆を塗っていきます。

内容	心	技	体
①歯みがき教室	☆☆☆☆☆	☆☆☆☆☆	★★★★★
②ストレスについて	★★☆☆☆	★☆☆☆☆	★★★★★
③生命誕生（性教育）	★★★★★	★★★☆☆	★★★☆☆
④生活リズムチェック	★☆☆☆☆	☆☆☆☆☆	★★★★★
⑤学校保健委員会（レジリエンスとは？）	★★★★☆	★★☆☆☆	★★★☆☆
⑥病気の予防（熱中症、インフルエンザなど）	☆☆☆☆☆	☆☆☆☆☆	★★★★★
合計	12個／30個	6個／30個	26個／30個
①全体に占める割合	40%	20%	87%

> 5段階評価で6つの実践ですので、☆は全部で30個になります。

占める割合

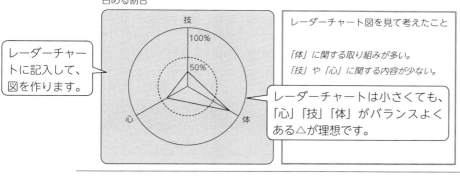

> レーダーチャートに記入して、図を作ります。

> レーダーチャートは小さくても、「心」「技」「体」がバランスよくある△が理想です。

レーダーチャート図を見て考えたこと

「体」に関する取り組みが多い。
「技」や「心」に関する内容が少ない。

来年度に向けての課題および実践（学校全体、保健室での関わり、連携など）

・「体」のみとなっていた生活リズムチェックでは、自分の力で就寝・起床できるように働きかける（自律的に生活習慣を意識できるという点で「心」を入れる）。
・性教育では異性との関わり方を入れて「技」も含めていく。
・学級担任とのソーシャルスキル教育ができるかを検討していく。

P1-S3-01

| 分析シート | (年 月 日) 学校名: | | 分析者: |

I 実践の振り返り（　　　年度）

内容	心	技	体
①	☆☆☆☆☆	☆☆☆☆☆	☆☆☆☆☆
②	☆☆☆☆☆	☆☆☆☆☆	☆☆☆☆☆
③	☆☆☆☆☆	☆☆☆☆☆	☆☆☆☆☆
④	☆☆☆☆☆	☆☆☆☆☆	☆☆☆☆☆
⑤	☆☆☆☆☆	☆☆☆☆☆	☆☆☆☆☆
⑥	☆☆☆☆☆	☆☆☆☆☆	☆☆☆☆☆
⑦	☆☆☆☆☆	☆☆☆☆☆	☆☆☆☆☆
合計	個／　　個	個／　　個	個／　　個
①　全体に占める割合	％	％	％

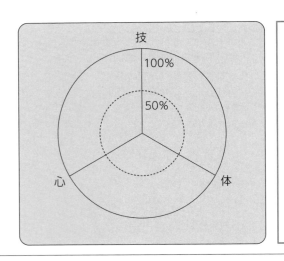

レーダーチャート図を見て考えたこと

来年度に向けての課題および実践（学校全体、保健室での関わり、連携など）

part 1 | レジリエンスとは

② 学校での進め方

　学校では、「レジリンス」という言葉を知っている人は少なく、「そんな言葉、聞いたことがない」と抵抗を示す先生もいます。「レジリエンス」について、初めて説明するには時間がかかります。そのため、夏休みの校内研修や生徒指導研修の際などに行うと効果的でしょう。

1）校内研修

（1）教職員に初めて伝える場合

　教職員の共通理解を図るために、パワーポイントを使って次の①～③について説明します。

① レジリエンスとは何か？

- 育った環境が劣悪だったり災害に遭遇したりなど、子どもを取り巻く環境は決してよいものばかりではありません。また、ストレスや人間関係など、メンタルヘルスの問題もあります。そのような中でも、うまく適応していくプロセスを「レジリエンス」と言います。
- そして、レジリエンスは、逆境を経験しても立ち直る力でもあります。

② なぜ、取り組む必要があるのか？

- レジリンスが高いと、困難（小・中学生用）から回復しやすいと言われています。
- レジリエンスは誰でももっている力であり、育てることができます。
- 私たちは「どのように子どもと関わってレジリエンスを育てるか」一緒に考えていきましょう。

③ 何をすればレジリエンスが育つのか？

- 始めに「富士山モデル」を説明します（p.14参照）。

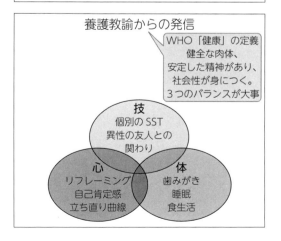

〈ポイント〉
- 日頃実践している内容や、レジリエンスを育てるために取り組みたい内容を分けて図の中に入れます。そうすることで、「心」「技」「体」に関わることを実践していくことがわかります。また、日頃の実践がレジリエンスを育てることにつながっていることがわかります。
- 事前に分析シート（p.32参照）で実践を振り返っておきます。
- 「心」「技」「体」の足りない部分に、今後取り組みたい内容を入れます。
- ⦿ 大切なのは、日頃の取り組みによってすでにレジリエンスを育てていることを先生方に理解してもらうことです。さらに、今後取り組みたい内容を入れることで協力を得られます。

2）継続して実施する場合

異動してきた教職員もいるので、ポイントをおさえて、新任の教職員と既存の教職員に説明します。

① レジリエンスとは何か？

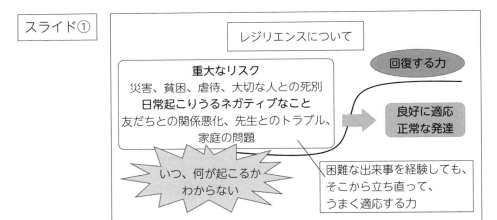

スライド①

- 災害、貧困、虐待、大切な人との死別などの重大なリスクに加え、友だちとの関係悪化、先生とのトラブル、家庭の問題など、日常起こりうるネガティブなことは、いつ起こるかはわからないものです。
- 困難な出来事を経験しても、そこから立ち直り、うまく適応していく力がレジリエンスです。

part 1 | レジリエンスとは

② レジリエンスを育てるために必要なこと（中学生）

スライド②

レジリエンスを育てるために必要なこと（中学生）
『保護者と教師のために子どものレジリエンスを育てる 10 のコツ』より

つながりを築く 共感する力や相手の痛みを理解する力を育てる ・友だちづくりのコツ ・グループ活動 ・ソーシャルスキル	子どもに人を助ける経験をさせる 人助けの経験は、無力感を感じる子どもに力を与える ・ボランティア活動への参加 ・子ども同士で教え合う「学びの授業」
毎日の日課を守る 規則正しい生活は、安心感を与える ・生活習慣の確立 　生活リズムチェック ・日課を守る	ひと休みする 悩んでいるとき、他のことに目を向ける ・球技大会、お楽しみ会 ・子どもたちがひと休みできる居場所づくり

スライド③

セルフケアを教える 食事、運動、休息の大切さを知る ・心と体の健康 　生活リズムチェック ・リラックス法 ・ストレスマネジメント	目標に向かって進む 達成できる目標を定め、一歩ずつ進む ・自分の目標を立てる ・振り返りをする ・運動会などの行事への取り組み
自己肯定感を育む 自分を信じて問題を解決し、「適切な決断ができる」 ・友だちのいいところ見つけ ・「認め合う」授業 ・部活動での成果 ・生活リズムチェックの達成感	事実を正しく捉え、楽観的な見通しをもつ 困難を乗り越えた先に、よい将来があると考える ・偉人の伝記 ・社会の歴史から復興を学ぶ ・冷静になるために気持ちが落ち着く、感情のコントロール

- アメリカ心理学会（APA）から『保護者と教師のために子どものレジリエンスを育てる 10 のコツ』が出ています（p. 10〜 p. 13 参照）。
- 10 項目を説明し、それに関連した、実践したい内容を入れてみます。
  - ◆「つながりを築く」では、友だちづくりのコツ、グループ活動、ソーシャルスキルの実施。
  - ◆「人を助ける経験をさせる」では、ボランティア活動への参加や生徒同士が教え合う「学び合いの授業」などがあります。
  - ◆「毎日の日課を守る」では、生活リズムチェックを行い、生活習慣を整えさせましょう。
  - ◆「ひと休みする」では、球技大会やお楽しみ会などを実施したり、子どもがひと休みできる居場所をつくったりしましょう。

- ◆「セルフケアを教える」では、リラックス法やストレスマネジメントを教えます。
- ◆「目標に向かって進む」では、行事などを通して自分の目標に向かって進むような手立てを考えましょう。
- ◆「自己肯定感を育む」では、よいところを見つけ合うことや「認め合う授業」を続けていきましょう。
- ◆「事実を正しく捉え、楽観的な見通しをもつ」では、偉人の伝記や復興の授業を入れて学ばせたいです。自分の感情をコントロールするスキル学習も実施します。

③ 今後に向けて

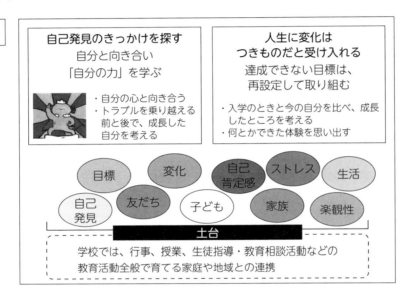

- ◆「自己発見のきっかけを探す」では、自分の心と向き合わせることから始めます。
- ◆「人生には変化がつきものだと受け入れる」では、過去、今、未来の自分を見つめさせます。

〈まとめ〉
- レジリエンスを育てる取り組みは特別なことではなく、日頃から実施することです。
- 居場所づくり、ソーシャルスキル、スポーツや学校行事など、すべての教育活動そのものがレジリエンスを育てる取り組みなのです。
- 新しいこと、難しいことと考えずに、「困難に遭遇しても立ち直り、うまく適応していける子ども」をイメージして取り組んでいただければ、レジリエンスも育っていくと思います。
- さらに、家庭や地域との連携も土台づくりに不可欠なものですので、今後は広めていきたいと考えています。

3）継続して教職員の意識を高めるために

「レジリエンス」を少しずつ理解し始めてきたとき、「レジリエンス」についてイメージをもってもらうことが重要だと考えました。

> 自己肯定感が高い子とは、具体的にどのようなイメージですか？
> 目標に向かって進むことができる子とは、具体的にどのようなイメージですか？
> レジリエンスが高い子とは、具体的にどのようなイメージですか？

（1）教職員へアンケート

この3項目について、アンケートを実施してまとめると、本校の『重点目標』と重なりました。つまり、「レジリエンスの高い子ども」＝「願う生徒像」そのものでした。レジリエンスを育てることは特別ではなく、日々の教育活動そのものであることを理解すれば、教職員と一緒に

○○中学校の教職員が、願うイメージ

★自己肯定感が高い子は…
- 自分は、○○に必要な人だと思える。
- 自分のよさに気づき、自分自身を伸ばしていける。
- 自分は大丈夫だと信じて、何があってもくじけずに頑張る。
- 成功したかどうかではなく、やりきった（達成感）をもてる。
- プラス思考の発言が多い（行動が前向き）。
- 朝から元気。ダメージを受けても復活できる。
- 弱者の立場になって行動できる。
- 自分の存在を受け止められる。
  よいところも悪いところも自己理解でき、すべてを含めて自分のことを大切にできる。

★目標に向かって進むことができる子は…
- 自分の現状や置かれている立場を理解し、次のステップに進むためにはどうしたらいいのかを考えられる。
- 自分のできていること、足りないところをしっかりと分析できる。その上で、最後の最後まで努力できる。
- 成功のイメージが描ける。
- 計画が立てられる。
- こつこつと日々努力し、自分を伸ばしていくことができる。
- なりたい自分を設定し、そのために決めたことが続けてできる。
- 目標が明確であり、そのプロセスにおいて、自分を省みることができる。
- 自分の目標が達成されたとき、うれしいことがあったとき、素直に喜ぶ。

★レジリエンスが高い子とは…
- 失敗を経験に変えられる。
- 困難を楽しめる。
- 成功体験も失敗体験も豊富に経験している。
- 愛情いっぱいで育てられた子。
- 小さなことでくよくよしない。
- ストレスを受けても、立ち直りが早い。
- 自分の悩みを誰かに伝えられる。
- 人の意見を聞き入れながら、自分の考えを軌道修正できる。
- 「失敗した。間違えた。できなかった」とき、どうしたらいいかを考えられる。
- 自分だけでなく、支えてくれる人がいることを信じることができる。

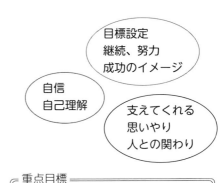

取り組むことができます。

(2) 教職員へインタビュー

　生徒保健委員会が先生方や生徒にインタビューし、保健だよりで知らせます。さまざまな場面で「レジリエンス」という言葉を何度も使ったり、生徒や家庭に知らせたりすることで意識は高まります。

4）PTAとの連携

　保護者に協力をお願いして親子で取り組むと、生徒、教職員、保護者の関心を高めることにつながります。

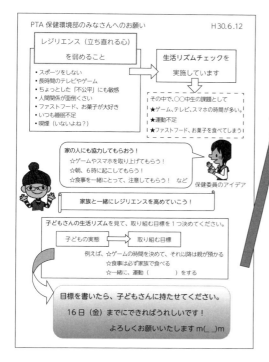
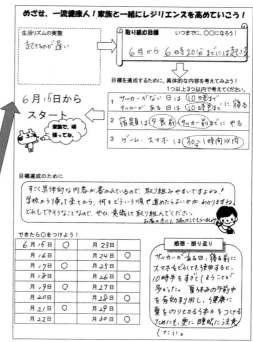

③ 学校全体での進め方

1）「プログラムをやっても効果が上がらないんです」をどうするか？

　ソーシャルスキルトレーニング（SST）でスキルを学ぶことで、中学生のレジリエンスが向上したことが指摘されています（小林・渡辺，2017）。しかし、SSTでよく指摘される点として、SSTを実施してもスキルの定着化が図れないことや日常生活に活かせないという、維持・般化の問題があります。

　そのため、SSTで学んだことを掲示物等で子どもたちの目につくところに貼ったり、SSTで学んだポイントを声かけしたり（例：「話を聴くときはどうするとよかった？」）、宿題シートを出したりするなど、SSTを学んだ後は先生や保護者の関わりが必要だとさまざまな研究者が述べています。「SSTを取り入れたレジリエンス育成に学校全体で取り組むことができるような状況になれば、非常に大きな効果を上げるということは、誰もが納得することですが、実際には難しい…」というのが本音でしょう。そこで、まずは日々の学校教育活動を活かすことからスタートします。

　例えば、アメリカ心理学会（APA）の10のコツでも述べているように（p. 10～p. 13参照）、学校教育活動の中にはレジリエンスを育てる活動が多く含まれています。例えば、地域での奉仕作業として学校近くの海辺のごみを拾う活動をした場合、ただごみを拾う活動をするのではなく、活動後に地域の人たちから感謝の言葉を子どもたちに直接伝えてもらい、地域の役に立ったという感覚を感じさせてもらうことや、ごみを拾うことによってウミガメやイルカといった動物の命が守られることを伝えたりすることなどです。「自分たちの活動によって助かる人・存在がある」と子どもたちに解説することは、APAの「子どもに人を助ける経験をさせる」に該当すると考えられます。

　しかし、多くの学校ではこの学校教育活動を「レジリエンスを育てる」機会として活かしきれず、日々の忙しさの中で「こなす」だけになってしまっていることも少なくありません。そのため、学校教育活動でレジリエンスを育てるという視点で捉えてみたり、SSTで学んだスキルを教育活動で活かす枠組みをつくったりできれば、自然に、かつ包括的に子どもたちのレジリエンスを育てていくことができます。

　ここでは、先述した「富士山モデル」を教育課程に取り入れている公立高等学校の例を紹介したいと思います。同校は生徒数が1学年約40名の小さい学校ですが、アートコースがあり、「まんが甲子園」や「はんが甲子園」などの全国的な大会で優勝経験をもち、絵を描くことが好きな生徒が多く進学してきています。また、全国で初めて校舎内に特別支援学校高等部が併設され、当初から学校行事の合同開催、学年交流や昼食交流等による共生共育を実践しています。

　中学生の頃に不登校を経験したことがある等、人間関係をはじめとするさまざまな支援を必要としている生徒もいますが、同校入学後は小さなかつ新しい集団の中でその多くが改善に向かい、穏やかな学校生活を送っています。

しかし卒業後、社会へ出ても折れずに前に進むことができるよう、しなやかに生きる力を高校在学中に少しでも身につけさせなければいけないという課題もあります。そのため数年前から、1年間に4回ほどSSTの実践を行いましたが、SST実施直後はソーシャルスキルやレジリエンスの得点が上昇しても、その後低下してしまい、維持・般化の問題が指摘されていました。この学校でも、「学校生活の中で定着させる機会をどのように取り入れていくか」がずっと課題になっていました。

そこで、教務主任のS先生が、学校教育目標や教育課程を基礎として学校の関わりについて見直しをしました。

2）校訓・学校教育目標との関連づけと富士山モデル

図1をご覧ください。この学校では「校訓」や「学校教育目標」とレジリエンスとの関連を見つめることから始めています。先述しているように、日本の多くの校訓や教育目標にはレジリエンスに関係する文言が多く含まれていることに気づかされます。

例えば、この高等学校の校訓は「不撓不屈」で、「苦労や困難があっても決して諦めることがないこと」という意味であり、まさしくレジリエンスが校訓になっているとも言えます。そして、学校教育目標が「自律と共生の心を育成する」とあり、「社会の中で自律的・共同的に『生きる力』」を育むために富士山モデルの「心」「技」「体」それぞれに活動を位置づけています。

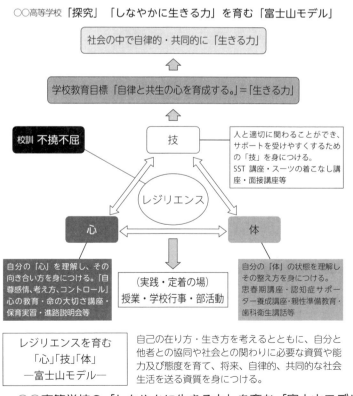

図1　○○高等学校の「しなやかに生きる力」を育む「富士山モデル」

例えば、「心」では共生共育、心の教育、命の大切さ講座、保育実習、進路説明会等が入っています。「技」では、これまで継続して行っているSST講座（計4回）に加え、スーツの着こなし講座・面接講座などが入ります。「体」では、思春期講座、認知症サポーター養成講座、親性準備教育、歯科衛生講話等があります。

　このように、校訓や学校教育目標とレジリエンスを関係させて考えることは、「なぜこの学校でレジリエンスが大事か」を他の教職員や管理職に説明していく際に、非常に重要なロジックとなることでしょう。そして、レジリエンスを育てる教育活動を富士山モデルで整理していくと、レジリエンスを意識した教育活動の実施が大事であると気づき、他の教職員や管理職に

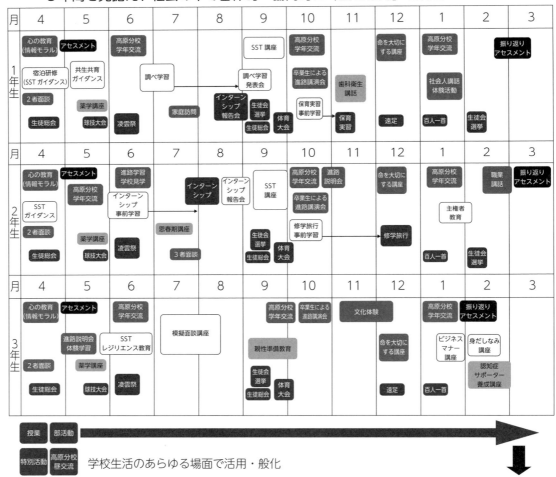

図2　○○高等学校の学校行事と「心」「技」「体」

伝えていくことができます。

　さらに同校で特長的な点は、学んだことをさらに「実践・定着する場」として、授業や学校行事、部活動を位置づけたところにあります。例えば、2年生の修学旅行では民泊を取り入れて、初対面の人と交流する機会を設けました（図2）。

　まず事前に、SST講座で「話しかけるスキル」や「頼むスキル」などのソーシャルスキルを学び、宿題シートなどを使いました。そして修学旅行先では初対面の民泊先のご家族と交流して過ごしました。また、1年生の遠足では、グループごとに写真を撮ってくるミッション（ただし、セルフで撮るのではなく、その場にいる方にお願いして写真を撮ってもらう）をつくり、生徒たちのスキルを活かす場を学校行事の中の随所に取り入れていました。

　生徒たちのスキルを活かすための先生方の創意工夫があふれていて、生徒たちも自然に活用できるようになっています（後日談ですが、民泊を取り入れた修学旅行は、お世話になったご家族と生徒たちが涙の別れをして大成功に終わったそうです。生徒たちにとって、民泊先のご家族との温かい思い出とともに、初対面の人との交流は楽しく、自信につながる機会になったようです）。

3）年間計画の中での位置づけ

　同校では、1、2、3年生が主に総合的な学習の時間で既に行っている教育活動を、レジリエンスの育成という視点で捉え直して「心」「技」「体」に分け、さらに「活かす場」として授業、学校行事、部活等を設定した年間計画を作成、活用しています。

　図2を見ると、普段の教育活動と活かす場としての学校行事などが組み合わされ、総合的に進められていることがわかります。各学年の初めに富士山モデルの図を使ってSSTやレジリエンスについて生徒たちに説明し、内容を可視化できるようにシートを教室に掲示しています。

　また、それぞれの学校行事は「心」「技」「体」のいずれを鍛えるものなのか等、先生方が富士山モデルのキーワードを使って、日常的に意識させるよう心がけています。

　多くの先生方は、「子どものレジリエンスを育てることが重要なのはわかるけど、新しいことをやるのは、この忙しさの中で負担だ」という思いをもつと思います。学校の先生方の忙しさは近年、社会問題化しているように尋常ではありません。「大事なのはわかる。でも…」というときこそ、このような日常で行っている教育活動について、レジリエンス育成という視点で見直して活かす工夫を学校全体で共有することで、先生方に大きな負担をかけることなく、子どもたちのレジリエンスを育てていくことが可能になるのです。

実 践

Section 1 学校教育活動を活かした実践

Section 2 レジリエンスに関する教材を用いた実践

Section 1 学校教育活動を活かした実践

1 実践の進め方

　Part 2 では「Section 1　学校教育活動を活かした実践」と「Section 2　レジリエンスに関する教材を用いた実践」に分けて、さまざまな活動を紹介しています。

　「Section 1　学校教育活動を活かした実践」では、レジリエンスに特化したプログラムではなく、ふだんの教育活動を基本として、これまでの教育活動の中にレジリエンスを意識した関わりを取り入れています。レジリエンスを育てるには、何か特別なプログラムを1回行うというよりも、レジリエンスを育てていく関わりを日々の生活の中で行っておくことが基礎になります。まずは養護教諭として、学級担任として、学校教育活動の中で取り入れられそうなものからスタートします。

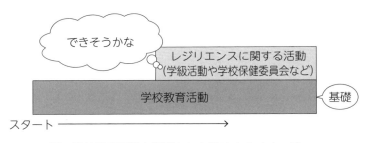

図　学校教育活動を基礎とした進め方のイメージ

　次に、そうした日々の学校教育活動を活かした関わりをしながら、学級活動や学校保健委員会などの時間に、レジリエンスに関連した実践を行うとよいでしょう（図）。Section 1 では、そうした実践を紹介しています。

　Section 2 では、子どもたちが楽しくレジリエンスを学べる教材を作製し、紹介しています。このオリジナルの紙芝居の教材は、多くの学校のご協力を得て、子どもたちの反応を見たり先生方のご意見をいただいたりしながら試行錯誤し、健康診断の後の時間、朝の会、帰りの会などの短い時間でも実践できるようにしてあります。

　子どもたちのレジリエンスを育てる教材としてぜひ活用してみてください。

② 実　践

自分のレジリエンスを理解しよう	心	★★★☆☆
	技	★★★☆☆
	体	★★★☆☆
対象：小学4年生以上		
場面：学級活動、道徳、学校保健委員会		

1）ねらい

　子どもたちにとって、「レジリエンス」は初めて聞く言葉です。有名スポーツ選手など子どもたちがよく知る人物の例を用いて、レジリエンスとはどのような力なのかを知り、大切さを理解していきます。

2）実践の様子

　レジリエンスの例として活用しているのが、ソチオリンピックのときの浅田真央選手です。金メダルを期待され、浅田選手も金メダルを取りたいと思っていたところ、大きなミスをしてしまいました。その例を子どもたちに示します。

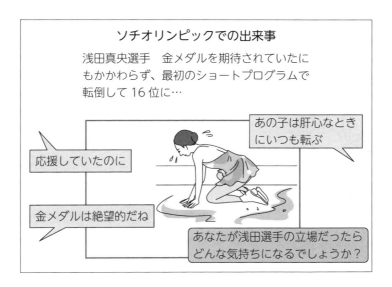

① あなたが浅田選手だったら、どんな気持ちになるかな？　どんなことを考えるかな？

　子どもたちからは「もうだめだ」「みんなの期待に応えられなくて悔しい」「情けない」「明日の試合はやりたくない」「どうにか切り替えなくちゃ」という意見が出されます。落ち込んだり、焦ったり、頭が真っ白になったりと、絶望的な気持ちになることをおさえていきます。落ち込み、不安や心配、怒りなどの気持ちを共有しながら、浅田選手はそうした気持ちをもちながら

も、次の試合をしなければいけない状況にあったことを伝えます。

② 「大失敗した！　でも明日にまた試合がある」

そして、「みんなはこのような大ピンチに置かれたら、どうしますか？」と質問します。

とても大変な状況になって、それでもすぐに試合をしなければいけない状況になったらどうするかを考えてもらいます。そして、なぜそのようにしようと思うのか、理由も書いてもらうとよいでしょう。子どもたちからは「どうにか切り替えようとする」「話をする」「寝る」「いいイメージをもてるように練習する」といった意見が出され、子どもによってさまざまな対処の仕方があげられます。

③ グループで考えを共有していきます

グループになり、②で考えたことを紹介します。自分の考えと違う方法が紹介されたら、メモしておくように指示するとよいでしょう。また、困難な状況を乗り切る方法がいろいろあること、人によって違うこともおさえていくとよいでしょう。

よい・悪いという評価はせずに、困難な状況を乗り切るためにさまざまな方法があることをシェアし、自分が思いつかなかった方法が紹介されたら、「それを覚えておいて、次に大変な状況に出会ったときに役立てられるといいね」と伝えていきます。

④ まとめ

浅田選手は困難な状況にもかかわらず、フリースケーティングで自己ベストを更新し、世界中から賞賛されるすばらしい演技をすることができました。だめだと思ってしまうような困難な状況でも、人は立ち直ったり、乗り越えたりする力があることを伝えます。それがレジリエンスです。

レジリエンスは特別な人がもっている力ではなく、誰もがもっている力です。そしてレジリエンスは、考え方や行動に含まれていると考えられていますので、考え方や行動などを変えることで身につくものです（時間があれば、③で子どもたちから出された意見の中から、レジリエンスにつながる例を紹介してもよいでしょう）。レジリエンスは誰でも身につけられるものであることをしっかりと意識させることが大事です。

part 2 | 実　践

CD P2-S1-01

ワークシート

年　　　組　　名前：

あなたが浅田選手だったら、どんな気持ちになるかな？　どんなことを考えるかな？

「大失敗した！　でも明日にまた試合がある」。みんなはこのような大ピンチにおかれたら、どうしますか？

レジリエンス：**とても大変な困難を経験しても、立ち直る・乗り切ることができる力**

　　ポイント：①誰もが学んで、身につけることができる　②考え方や行動などが重要

グループでの話し合いをメモしよう

レジリエンスを強めること、弱めること	心	★★★★☆
～啓発新聞・パズルを使って～	技	★★☆☆☆
	体	★★★★☆

対象：中学生

場面：保健委員会活動

1）ねらい

　レジリエンスを強めるため、弱めないために大切なのは、日常の当たり前のことをコツコツと実践することですが、非常に難しいことです。頭では理解できても、実践に結びつきにくいものです。そこで、保健委員会で啓発新聞をつくり、全校に呼びかけたり、レジリエンスをテーマとしたパズルで遊んだりしてレジリエンスを意識すれば、実践へつながるのではないかと考えました。

2）実践の様子

（1）啓発新聞の作成

　「レジリエンスを弱める要因」について（p.8）から、喫煙を除く6項目についてキャッチフレーズを考えて啓発新聞を作成しました。

レジリエンスを弱める要因
- 運動不足（スポーツをしない）
- 身体的不活発（長時間のテレビやゲーム）
- 自分中心主義（ちょっとした「不公平」にも敏感）
- 人間関係が面倒くさい
- ファストフード、お菓子が大好き
- 睡眠不足
- 喫煙

作成のための工夫
- ☆ それぞれの項目で目標を達成した人にインタビューして、達成の秘訣を紹介する。
- ☆ 「全校お菓子アンケート」を実施して、全校生徒に関心をもたせる。
- ☆ 保健委員会が実験を行ってみる。
- ☆ インターネットや保健室にある本で調べたり、栄養教諭から資料を集めたりする。
- ☆ ストレスと人間関係に関するアンケートの結果を参考にする。
- ☆ 見やすいようにレイアウトを工夫する。

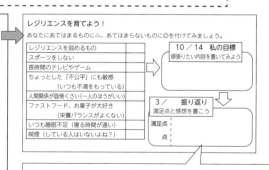

目標を達成できた人へのインタビューは、達成者自身の自己肯定感を上げ、達成の秘訣は誰でもでき、参考になります。

part 2 実 践

〈啓発新聞を掲示した保健コーナーの様子〉

ゲーム スマホ テレビは
　　　　　健康の敵!!
ゲーム・スマホの使い過ぎについて調べたものです。
「長時間のゲーム・スマホの使い過ぎ、テレビの見過ぎ改善」の目標達成者にインタビューした内容です。

人間関係が
めんどうなんて言わないで!!
保健委員のつぶやきや人間関係とストレスに関する実態調査の結果をまとめました。
また、レジリエンスが高い人へのインタビュー内容や先生からのアドバイスも掲載しました。

どうしてお菓子を
　　食べすぎるとよくないの？
「全校お菓子アンケート」の結果から、○中生の好きなお菓子ランキング【ベスト10】を掲載しました。
また、栄養教諭にも参加してもらい、
・菓子に含まれる油の検出
・レジリエンスとお菓子の関係
・おすすめおやつ
についても取り上げました。

夜10時に寝て、朝6時に起きる！
中学生の必要とされる睡眠時間や、「睡眠のチカラ」や体内時計のリズムを保つことを大切さを紹介しました。
また、レム睡眠とノンレム睡眠についてまとめました。

自分の心と向き合うために
肩・上半身のリラックス法（p.67）を紹介しました。
自己肯定感や「自分が認めてほしいこと」についても取り上げています。

皆でスッキリ
　　運動不足を改善しよう！
運動不足改善の達成者や「生活リズムチェック」で運動を定期的にしている人、運動が好きそうな生徒や先生にインタビューした内容を載せました。

〈啓発新聞（一部）〉

part 2 | 実　践

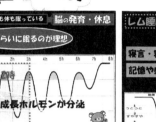
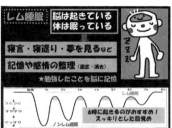

(2) レジリエンスパズルを使って意識を高める

　アメリカ心理学会（APA）は、10代の子どもたちのレジリエンスを育てるためのトピックとして「レジリエンスを育てる10のコツ」（p.10〜p.13）を紹介しています。

レジリエンスを育てる10のコツ
① つながりを築く
② 子どもに人を助ける経験をさせる
③ 毎日の日課を守る
④ ひと休みする
⑤ セルフケアを教える
⑥ 目標に向かって進む
⑦ 自己肯定感を育む
⑧ 事実を正しく捉え、楽観的な見通しをもつ
⑨ 自己発見のきっかけを探す
⑩ 人生に変化はつきものだと受け入れる

⇒

① 人とのつながり
② ボランティア
③ 生活リズム
④ リラックス
⑤ 目標達成
⑥ 自己肯定感
⑦ いろいろな考え方
⑧ 自己理解

①〜⑩は、中学生でも理解できる①〜⑧の言葉（日常で指導していきたい表現）に変えて、生徒や保護者に保健だよりなどで知らせました。

そして、生徒がイメージしたイラストを使い、「レジリエンスパズル」を作製しました。折り曲げたりたたんだりして、同じ絵を4枚合わせるものです。楽しく遊べて、関心をもたせることができます。やがて、それぞれの言葉の意味を尋ねる生徒が増え、個々に詳しく説明できるようになりました。

両面に印刷して、白の点線部分に切り込みを入れます。

絵がそろった状態です。

	心	★★★★☆
生活リズムチェックカード	技	★☆☆☆☆
	体	★★★★★

対象：小学4年生以上

場面：学級活動（朝の会、帰りの会）

1）ねらい

　生活習慣を整えるためには、ゲームなどをしたい気持ちを抑え、決めたことをコツコツやり続ける心、SNS等を上手に断る技などが必要です。生活リズムチェックカードで自身の生活を振り返り、生活習慣を整えることによって心身の健康状態も整い、レジリエンスを育てることにつながります。

2）実践の様子

　隔月に1回、自分の心身の健康状態を振り返って各自チェックし、合計点数で健康度を判定します。点数化することで、自分の健康状態や変化を把握しやすくなります。

〈生活リズムチェックカード〉

自分の生活を振り返ってみよう！

当てはまるものを選び、実施した月の欄に数字を書きましょう。			11月	1月	3月	記入欄
①昨夜は何時に寝ましたか？	1	10時台まで（〜10時59分）				
	2	11時台				
	3	0時台				
	4	1時以降				2
②今朝、何時に起きましたか？	1	7時まで				
	2	7時〜7時30分				
	3	7時30分より遅い				1
③スッキリ目覚めましたか？	1	スッキリ目覚めた				
	2	スッキリしない				1
④今朝、朝ごはんを食べましたか？（赤黄緑のバランスは？）	1	3色しっかり食べた				
	2	1、2色だけど食べた				
	3	食べなかった				1
⑤昨日、何回歯みがきをしましたか？	1	3回（毎食後）				
	2	2回				
	3	1回				
	4	みがかなかった				1
⑥平日、スマホ・パソコン・ゲーム・テレビ等を1日に何時間やりますか？	1	1時間未満				
	2	1時間台				
	3	2時間台				
	4	3時間以上				1
⑦最近、運動をしていますか？（体育の授業以外に）	1	毎日運動している				
	2	週4〜6日				
	3	週2〜3日				
	4	全くしない				2
⑧最近、お菓子・清涼飲料水・ファストフード・インスタント食品等を食べますか？	1	ほとんど食べない				
	2	週に2〜3回食べる				
	3	ほぼ毎日食べる				2
⑨今のあなたの心の健康状態は？	1	落ち着いていてやる気がある				
	2	少し不安定				
	3	気持ちが沈み、やる気がない				1
⑩①〜⑨の数字を合計しましょう。	裏面にある点数表で健康度を見てね。どれに当てはまったかな？当てはまったものに○をつけよう。					12
一流健康人　**不健康予備軍**　かなり不健康人			一流健康人 / 不健康予備軍 / かなり不健康人	一流健康人 / 不健康予備軍 / かなり不健康人	一流健康人 / 不健康予備軍 / かなり不健康人	(一流健康人) / 不健康予備軍 / かなり不健康人
⑪さらに「健康」になるために、できそうな目標を書きましょう。	【5月に立てた目標】			【7月に立てた目標】		【9月に立てた目標】
⑫目標は守れましたか	はい　いいえ			はい　いいえ		はい　いいえ

1　①〜⑨の項目の当てはまるものを選び、その月の欄に数字を記入します。

2　その数字を全部合計し、⑩に記入し、合計点数で健康度（裏面の点数表参照）を判定します。

3　前回立てた目標を振り返り、守れたかどうかを⑫に記入します。

4　今回の結果を見て、目標を立て、⑪に記入します。

〈生活リズムチェックカードの使い方〉

1　①〜⑨の項目ごとに当てはまるものを選び、その月の欄に数字を記入します。
2　記入した数字を合計して⑩に記入し、合計点数で健康度（点数表を参照）を判定します。
3　前回立てた目標を振り返り、守れたかどうかを⑫でチェックします。
4　今回の結果を見て目標を立て、⑪に記入します。

チェック結果を集計し、気づいたこと、よい点、改善点を学校保健委員会、おたより、放送、掲示等で紹介することにより、実態に合った保健教育につながります。

〈点数表〉

【学校保健委員会の資料】
心の状態と生活リズムとの関係を調べました。

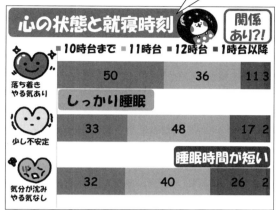
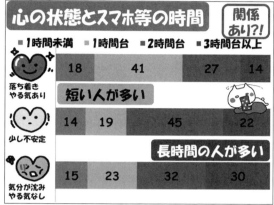

【保健委員会だより】
保健委員が生活リズムチェックカードを集計し、自分のクラスへアドバイスをしました。

【保健だより】（一部）
生活リズムチェック結果の一部を載せました。

レジリエンスを育てよう 〜生活習慣を見直してみよう〜	心	★★★☆☆
	技	☆☆☆☆☆
	体	★★★☆☆

対象：中学生

場面：学校保健委員会

1）ねらい

　日常生活の振り返りの中で悩んだりつまずいたりしたときに、自分で立ち直って前に向かって進んでいくためにはどんな力（レジリエンス）が必要かを学ばせ、その力を育てるためにどのようなことに気をつけたらよいか、自分に合った方法を考え、実践していく意欲を高めるようにします。

2）実践の様子

① 問題提起　「心も体も元気に過ごすために必要なこと」（生徒保健委員会）

規則正しい健康生活を意識して過ごすことで、○中生がより健康になることを目ざして、保健委員会では5月から「心も体も元気に過ごす1週間」の取り組みをしてきました。そこで、9月の結果を報告します…。

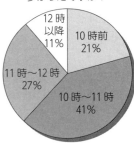

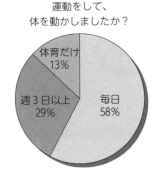

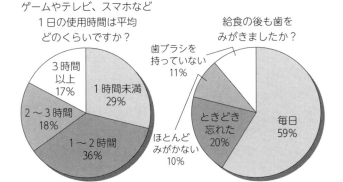

part 2 実 践

今週1週間の自分の生活を振り返ってみよう！

あてはまるものを選び、その番号を実施した月の欄に書きましょう。			5月	6月	7月	8月	9月	10月	例
① 何時頃に寝ることが多かったですか？	1 2 3 4	10時前に寝た 10時〜11時までに寝た 11時〜12時までに寝た 12時過ぎに寝た							2
② 何時頃に起きることが多かったですか？	1 2 3	6時30分までに起きた 6時30分〜7時までに起きた 7時過ぎに起きた							1
③ すっきり目は覚めましたか？	1 2 3	すっきり目が覚めた もっと寝ていたかった 夜、よく眠れなかった							1
④ 毎朝、朝ごはんは食べましたか？	1 2 3 4	バランスよく食べた 主食（ごはん、パン）だけ食べた 主食以外のものだけ食べた・飲んだ 何も食べない日があった							1
⑤ 給食の後も歯をみがきましたか？	1 2 3 4	毎日、必ずみがいていた ときどき忘れたが、ほとんどみがいた ほとんどみがかなかった 歯ブラシを持ってこなかった							1
⑥ 熱中症対策のため、こまめに水分補給をしましたか？	1 2 3	水筒を持参して、水分補給をした 水道水で水分補給をした あまり、水分補給をしなかった							1
⑦ 運動をして、体を動かしましたか？	1 2 3	毎日、運動して体を動かしている 週3日以上は運動している 体育以外はほとんど運動しなかった							2
⑧ お菓子や清涼飲料水、ファストフードなど、どのくらい食べましたか？	1 2 3 4	まったく食べなかった 少し食べたが、ほとんど食べなかった 週3日くらい食べた ほぼ毎日食べた							2
⑨ ゲームやテレビ、スマホなど1日の使用時間は平均どのくらいですか？	1 2 3 4	1時間未満 1〜2時間 2〜3時間 3時間以上							2
⑩ 今のあなたの心と体の健康状態はどうですか？	1 2 3	落ち着いていて、やる気がある 少し不安があり、心配である 気持ちが沈み、やる気が出ない							1
①〜⑩の数字を合計しましょう。		裏面にある点数表であなたの健康度を確認してみよう！							14

6月の目標	7月の目標	8月の目標	振り返り（○で囲んでね）
9月の目標	10月の目標	11月の目標	意識して生活できた・ときどきした ・ほとんど意識できなかった

今週、1週間の自分の生活を振り返ってみよう！ 後期の目標		12月	1月	2月	3月	1年間	例
★あてはまるものを選び、その番号を実施した月の欄に書きましょう。							
実施した月に特に気をつけた項目の番号を書きましょう。							①⑤
① 早く寝て、しっかり睡眠時間をとることができましたか？	1　10時前には寝た 2　10時〜11時までに寝た 3　11時〜12時までに寝た 4　12時過ぎに寝た						2
② すっきり目が覚め、1日をスタートできましたか？	1　すっきり目が覚めた 2　寝足りなく、もう少し寝ていたかった 3　よく眠れず、ボーッとする						1
③ 毎朝、朝ごはんは食べましたか？	1　バランスよく食べた 2　主食（ごはん、パン）だけ食べた 3　何も食べない日があった						1
④ 給食の後も歯をみがきましたか？	1　毎日、必ずみがいていた 2　ときどき忘れたが、ほとんどみがいた 3　ほとんどみがかなかった 4　歯ブラシを持ってこなかった						1
⑤ かぜやインフルエンザ予防のため、こまめに手洗い・うがいをしましたか？ （夏は熱中症予防）	1　水筒を持参して、こまめに手洗いとお茶うがいをした 2　水道水でなるべくこまめに手洗い・うがいをした 3　あまり、手洗い・うがいをしなかった						1
⑥ 運動をして、体を動かしましたか？	1　毎日、運動して体を動かしている 2　週3日以上は運動している 3　体育以外はほとんど運動しなかった						2
⑦ お菓子やファストフードなど、どのくらい食べましたか？	1　まったく食べなかった 2　週3日くらい食べた 3　ほぼ毎日食べた						1
⑧ ゲームやテレビ、スマホなど1日平均の使用時間は平均どのくらいですか？	1　1時間未満 2　1〜2時間 3　2時間以上						2
⑨ レジリエンスを高めることを意識できましたか？	1　いつも意識して心がけた 2　ときどき、意識して生活した 3　ほとんど意識しなかった						2
⑩ 今週1週間、笑顔で過ごすことができましたか？	1　いつも笑顔で過ごすことができた 2　少し笑顔になれないことがあった 3　ほとんど笑顔になれなかった						1
＊①〜⑩の数字を合計しましょう。 裏面にある点数表であなたの健康度を確認してみよう！							14

今年、1年間の健康生活を振り返り、これからどんなことを意識して生活していきたいですか？（3月）

part 2 | 実 践

表紙

健康生活で笑顔いっぱいになろう

『心も体も元気に過ごす１週間』振り返りカード

健康を意識しながら生活し、レジリエンスを高め、心も体も元気に過ごそう！

【睡眠・朝食・歯みがき・手洗いうがい・運動・間食など】

　　　年　　　組　　　番　名前

*カードは二つ折りにして使用

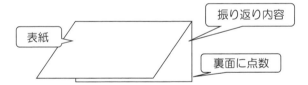

表紙の裏面

★振り返りカードの合計点数から自分の健康度を見てみよう！

１０～１５

【一流健康人】
　あなたは「健康」に関する意識が高いです！
　この調子なら何事にも集中することができ、日々の努力が実を結ぶ日も近いでしょう。笑顔で頑張ってください。

１６～２３

【不健康予備軍】
　あなたの健康度は「イエローカード」がでそうです。
　今が見直しのチャンスです！できそうなことを見つけて、少しずつ改善し、健康人を目ざし笑顔を増やしましょう。

２４点以上

【目ざせ、健康人】
　あなたがこのままの生活を続けると将来が心配です。実は今も、体や心の健康を脅かしている恐れもあります。
　すぐに生活改善をし、笑顔で過ごせるようにしましょう。

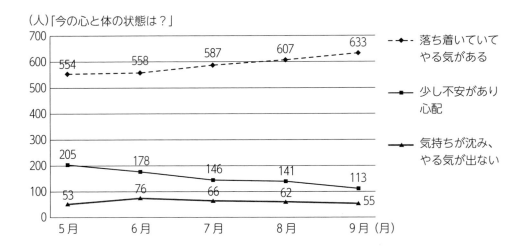

　生徒保健委員会の活動として、毎月1回「心も体も元気に過ごす1週間」を設定します。各自が生活のスタイルを意識して生活することで、「落ち着いていてやる気がある生活」を目ざします。

　週末にそれぞれが健康生活を振り返ったものを各クラスの保健委員が集計し、「一流健康人」を奨励する活動の工夫をします。徐々に「落ち着いていてやる気がある生活」ができている生徒が増え、体育大会や文化発表会での活躍につながっていきます。

　生徒保健委員会が、各自の生活のスタイルとレジリエンスは大いに関係があると考えられることを全校生徒に投げかけます。

　②　講話　「レジリエンス（困難なことから回復できる心の力）を育てよう」
　　　　　　講師　スクールカウンセラー

　生徒保健委員会の取り組みを受けて、「レジリエンスとはどんな力なのか」、そして「レジリエンスはどうすれば育つのか」をスクールカウンセラーから学びます。また、誰しも困ったことや嫌なことがストレスになるため、その対処法なども学び、実際に全校で体験することで実践化を図ります。そして、レジリエンスを育てるために何が必要なのかを全校で考え、日常生活につなげるように努めます。

　③　各自の振り返りと意見交換
　〈こんなとき、あなたはどうする？〉

　「夏の大会中、大失敗しました。でも、明日にはまた試合がある」。皆さんはこのようなピンチの場面におかれたら、どうしますか？　中体連で活躍した各部活動の部長の答えは…。
野球部「1日で失敗が改善できるように練習します」
サッカー部「次こそ失敗しないように、次に向けて心を落ち着かせます」
女子バスケットボール部「次こそ頑張るぞと気合いを入れる」
陸上部「自分たちだけでは立ち直れないので、周りの人からの励ましの言葉を力にします」

〈レジリエンスについて学んだ感想は？〉
- ストレスはみんな感じるものだとわかって安心した。
- 当たり前のことでレジリエンスが高まり、自分を高めることができると感じた。
- レジリエンスを高くして、中学生の3大ストレスを乗り越えたい。
- レジリエンスを弱めることのすべてをやめるのでなく、適度にすることが大切だと思った。

④ まとめ

「睡眠をしっかり取ってレジリエンスを高め、3大ストレスを乗り切りたい」「ストレスはみんな感じるものだとわかって安心した」「いろいろな人の考えが聞けてよかった。リラックス法を試したい」などの生徒の感想から、学校保健委員会で学んだ「レジリエンス」をさらに高めるために、個人や学級、全校で取り組むことを考えることができます。

全校で共有する場面の工夫として、個々に実践していくことを書いた全校分のカードを使って、生徒保健委員会が活力祭（体育大会・文化発表会）のシンボルマークに似せた巨大掲示物を作製し展示しました。

引き続き、生徒保健委員会の呼びかけのもと、毎月1回の「心も体も元気に過ごす1週間」を通して、各自が生活のスタイルを意識しながら、レジリエンスのアップを図ります。

リラックス法を身につけよう	心	★★☆☆☆
	技	★☆☆☆☆
	体	★★★★☆

対象：小学校低学年以上

場面：学級活動、道徳、学校保健委員会

1）ねらい

　大変な状況に置かれたときは、イライラしたり不安になったりするなど、さまざまな感情が沸き起こってきます。そのようなときに、感情に任せて考え、行動すると、さらに状況が悪くなることがあります。大変なときこそ冷静に考え、行動できるようにするためにも、心を落ち着かせる方法を身につけておくことが必要です。

　心を落ち着かせることができるリラックス法は、ふだんの生活の中に取り入れて、当たり前のように使えることが理想です。試合や受験、発表の場などの緊張した場面で緊張をほぐし、余計な力が抜けた状態で自分の力を出せるようになり、大変な状況を乗り切ることにもつながります。

2）実践の様子

① リラックス呼吸法

　「深呼吸をするよ～」と言うと、肺に空気をパンパンに吸い込み、かえって体に力が入ってしまう子どもがいます。そうではなくて、楽に、「気持ちいいな～」と思う程度でゆっくりと呼吸をすることがコツです。

　深呼吸の際に意識してもらうとよいのが「丹田」という場所です。丹田の位置は「へそ下三寸」ともいい、体の中心軸上でおへその下辺りにあります（骨盤の左右の出っ張りを結んだ、体の真ん中辺り）。丹田を意識して、息をゆっくりと送るようなイメージで鼻から吸います。丹田を中心に、骨盤の中に新鮮な空気が巡るような感じで、おなかに溜めた空気を口を通してゆっくりと吐いていきます。息を吐く際に、体の中にあるいやな気持ち、不快感も一緒に出してしまうイメージで進めていくとよいでしょう。

　おへその下に手をあてたり、目をつぶったりするとイメージしやすいと言う子もいます。力まずに、ゆっくりと行うのがコツです。体全体やおなか辺りから、じわ～っと力が抜けていき、気持ちよさを感じたら、上手に深呼吸できているサインです。子どもたちがじわ～っとする体験ができるように、ゆっくりした雰囲気で行えるとよいでしょう。

● リラックス呼吸法
① 楽な姿勢で自然にまっすぐ腰掛けます。目は閉じても、開いたままでもいいです。
② 楽に気持ちよく腹式呼吸で深呼吸をします。
③ 鼻から吸って、口からゆっくりと吐き出します。
④ もう一度、吸って、1，2，3ハイ、少しとめて、吐きます、6，7，8，9，じゅう～。
⑤ 吐いてしまうと自然に息が入ってきます。
⑥ もう一度、らく～に気持ちよく深呼吸します。
⑦ 息を吐くときに、体の疲れや心のイライラなどもいっしょに吐き出すイメージで、ゆっくりと吐き出します。
⑧ 自分のペースで、しばらく続けましょう。
　　……1分程度行う……
⑨ ハイ、終わりです。全身でウーンと伸びをします。適当に首や肩を回したり、足を動かしたりして終わりです。

② 肩・上半身のリラックス法

　肩や上半身のリラックス法は、体の緊張を緩めることによって、心もリラックスするものです。幼児や小学校低学年の子どもたちでもすることができます。注意点は「息を止めないでゆったりと呼吸すること」です。体のどこかにぎゅっと力を入れると、無意識に息を止めやすくなります。そのため、ゆっくりと呼吸を続けるよう、子どもたちに声をかけながら進めていきます。

　ポイントは、ぎゅっと力を入れて、ふ〜っと抜いたときに、力を入れたところがじんわりしている感覚をしっかり味わうことです。体がじんわりとリラックスしてくるのを感じられたら、うまくできているサインです。就寝前に行うと、①のリラックス呼吸法の効果のようにリラックスでき、深く眠りやすくなります。

　ただ、日中に行う場合には、最後に必ず「スッキリ仕上げ」をします。リラックスして、頭がボーっとしてしまった状態から気持ちを切り替えるために必要です。特に学校で行う場合は「スッキリ仕上げ」を忘れずにしてください。

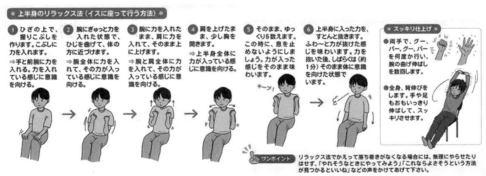

小林ら（2010）支援者のための災害後のこころのケアハンドブック、静岡大学防災総合センター

③ ワンポイント

　リラックス法の体験後に、体がどのような感じになったか、気持ちがどう変わったかをワークシートに書いてもらいます。体がリラックスすると心も変わることを体験できるとよいでしょう。

　また、リラックス法は１回行っただけでは効果が持続しません。日常生活でふだんから行う

ように、声かけや働きかけが大事です。例えば、朝の会や帰りの会、頑張った後などに、「リラックスタイム」と称して行うのもよいでしょう。保健委員会で啓発新聞を作製したり、「リラックス隊」として児童生徒に教えてみたりするのも考えられます。

　さらに、日々の部活動の練習で取り入れてもらうのもよいでしょう。ふだんから行うことで身につき、大変な状況で冷静にならなくてはいけないときに活きるのです。

●引用・参考文献
　小林ら（2010）「支援者のための災害後のこころのケアハンドブック」静岡大学防災総合センター
　　「静岡大学教育学部小林朋子研究室」ホームページ→「公開資料」からダウンロードできます。
　　http://tomokoba.mt-100.com/

part 2 実 践

P2-S1-07

ワークシート

年　　　組　　名前：

リラックス法をやってみて、体はどんな感じがしましたか？

リラックス法をやってみて、どんな気持ちになりましたか？

考えたこと、思ったことなど、感想を書いてください。

生活リズムチェック…今日のハッピー	心	★★★☆☆
	技	☆☆☆☆☆
	体	★★★★★
対象：小学校　全学年		
場面：家庭（長期休業後の１週間）		

1）ねらい

長期休養後は、新学期に向けてワクワクした気持ちの子どもばかりではありません。そこで、生活習慣と心の元気度について点検することで、生活リズムを学校モードに切り替えていきます。また、「今日のハッピー」の項目によかったことや感謝したいことを記入することで、生活の中のよいできごとに着目しやすくなります。そして、１日を楽しい気持ちで終えるようにし、明日への前向きな気持ちにつなげていきます。

2）実践の様子

毎日の生活を見直すことにより、心身の健康状態に関心をもち、生活の改善と新学期への前向きな気持ちにつなげるために「生活リズムバッチリカード」を使って、長期休養後に１週間、実施します。

基本的な生活習慣だけでなく、心の状態をお天気で表す「心のお天気はどれ？」、前向きな気持ちのきっかけとなる「今日のハッピー」などを入れ、心と体の状態に向き合うようにしました。

CD P2-S1-08

生活リズムバッチリカード　(　　)年(　　)組　名前（　　　　　　）

やっぱり朝が大切！　◎時刻を記入しましょう。　◎それぞれの項目ができたら○、できなかったら×をつけましょう。

		8／30（火）	8／31（水）	9／1（木）	9／2（金）	9／3（土）	9／4（日）	9／5（月）
きのうねた時こくは？		:	:	:	:	:	:	:
きょうの朝	おきた時こくは？	:	:	:	:	:	:	:
	顔をあらった？	:	:	:	:	:	:	:
	ごはんを食べた？	:	:	:	:	:	:	:
	歯をみがいた？	:	:	:	:	:	:	:
	うんこは出た？	:	:	:	:	:	:	:
心のお天気はどれ？（○でかこみましょう）								
今日のハッピー 今日１日の中で、良かったことや感謝したことなどを書きましょう（低学年は家の人が代筆してくださってもいいです）								

【おうちの方へ】

今回のカードに『今日のハッピー』の項目を作りました。プラス（うれしかったこと、感謝したこと）に目を向けることで、「毎日が楽しい」と感じることができるようになります。当たり前のことを当たり前に思わず、小さなことに目を向け、ありがとうの気持ちを持つようにしたいですね。

例えば…　・今日のご飯がおいしかった　・○○ちゃんと遊んで楽しかった　・○○ちゃんに「ありがとう」と言われた。

２学期が始まり、学校モードへの切り替えがスムーズにいかなくて、なんとなく「嫌なこと」に目が向いてしまいそうなお子さんがいるかもしれません。そんな時こそ『今日のハッピー』に目を向けていきましょう。

※お天気マークの説明

はれ：気分はればれ。元気。　あめ：つらいな。なきそう。

くもり：何だかすっきりしない。　かみなり：イライラ。きげんが悪い。

☆おうちの方より（取組の様子や感想などをお願いします）

〈子どもたちが「今日のハッピー」に記入したこと〉

- 朝、傘がこわれたとき、友だちが傘に入れてくれてうれしかった。
- 赤ちゃんの妹がいっぱい笑ってうれしかった。
- 席替えをしたら、隣の子に「よろしくね」と言われて、もっともっと仲良くしようと思いました。
- 鼻血が出ちゃったとき、先生とAちゃん、Bちゃんが心配してくれた。
- 給食の夏野菜のカレーがすっごくおいしかった。

〈「おうちの方より」で寄せられた内容〉

- 久しぶりの学校に、少し緊張していましたが、バッチリカードの「心のお天気はどれ？」で"晴れの日"が多かったので、楽しい日だったのだなと親も安心できました。小さなことでもうれしい、楽しいと思える気持ちをもち続けられるとよいなと思います。
- 他愛ないことでもハッピーだったと思い返すだけで気分がよいですね。嫌なことのほうが印象に残りやすいんだなと感じました。子どもの小さなハッピーに「よかったね」と言ってあげたいです。
- ハッピーなことを思い浮かべているとき、顔がにっこりしていて親もハッピーになりました。
- 夏休み明けは何となく学校が嫌だな、心配だなという気持ちになりがちな子ですが、今日のハッピーに目を向けることで前向きになれてよかったです。

　従来の生活リズムバッチリカードに、新たな項目として「心のお天気はどれ？」や「今日のハッピー」を入れたことで、心と体がつながっていることに気づくことができます。また、日常の小さなできごとに幸せを感じたり感謝の思いをもったりすることもできます。

　保護者からは温かいコメントが寄せられ、保護者が子どもの心の健康へ目を向ける機会となりました。

お茶コミすごろく	心	★★★★☆
	技	★★★★☆
	体	★☆☆☆☆

対象：小学校　全学年

場面：家庭

1）ねらい

　お茶の間を家族のふれあいの場所とし、家族がお互いに関心を向けたり理解を深めたりする機会として、お茶の間コミュニケーションすごろく（以下「お茶コミすごろく」）を行います。すごろくのお題に答えることを通して、自分の意見や考えを伝える力や相手の意見や考えを聴く力が育っていきます。

　そして、自分が知らない家族の一面やお互いのよさを知ることができます。また、ルールを守り、楽しくゲームをすることで家庭内のソーシャルスキルを高めることにもつながります。

2）実践の様子

　お茶コミすごろく実施のお願いとやり方をまとめた「お茶の間コミュニケーション　チャレンジカード」、すごろく用紙、「お茶コミすごろく用サイコロ・こま」を配布し、各家庭の都合に合わせて実施してもらいます。

　すごろくのお題には、心と体に関わる内容を取り入れます。また、「わが家のオリジナル」のお題を家族で考え、楽しみます。実施後は、「ふりかえり」を記入して学校へ提出してもらいます。

●●●●●● ▶ CD P2-S1-09

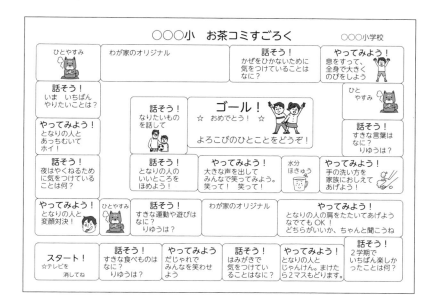

下の円グラフは「ふりかえり」のアンケートをまとめたものです。その結果、きょうだいや家族で楽しそうに遊んでる様子が伝わってきました。9割以上の子どもが「すごく楽しかった」「楽しかった」と答えています。協力してくれる家族がいることや、ルールを守って楽しくゲームをすることができることで、家族内にポジティブで楽しいコミュニケーションが起きていたことがわかりました。

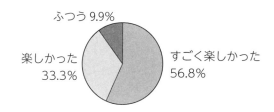

〈お茶コミすごろくをやってみての子どもの感想と考察〉

- 「となりの人のいいところをほめよう！」というマスで、ふだん、家族のいいところを見ていないので、これからは少しずつ見つけようと思います。
  ➡ 他者理解に目を向けるきっかけになりました。
- 家族の夢などが知れて楽しかった。ふだん聞かないことを、みんなでしゃべれたから、とても楽しかった。家族が笑っているところが見られてよかった。
  ➡ 家族の笑顔が、子どもの元気につながりました。

また、「家の方」のカードへの記入が丁寧であり、このカードの目的を理解し、家族みんなで真面目に取り組む姿勢が見られたことから、子どもたちの健やかな成長を支える土台があることを実感しました。

〈お茶コミすごろくをやってみての保護者の感想と考察〉

- 家族みんなが「子どもの顔を見て話を聴く」という姿勢が自然ととれ、子どもが少しはずかしそうだけどうれしそうに話をしたり、みんなで笑えていい時間でした。何回もやりました。
  ➡ 「自己肯定感」を意識している様子が伝わってきました。
- なかなかよいところが見つかりませんが、今年はちょっとしたことでもよいところを見つけて、ほめてあげようと思います。冬休み中、病気もせず元気に過ごせたこと、なによりです。
  ➡ この保護者は"○○ができない。言うことを聞かない"等、本人を否定する言葉が多かったのですが、今回の取り組みをきっかけに、子どものよさを見つけようとする姿勢が感じられました。

　この実践を通して、家族の存在が自分にとって心の拠りどころであり、自分には安心できる場所があることを実感できます。また、自分の思いを人に話すことは、自分の心の状態と向き合い、自己受容を促すことにつながります。

part 2 | 実践

	心	★★★★☆
プラス思考でいこう	技	★★★☆☆
	体	☆☆☆☆☆

対象：小学4年生以上
場面：保健教育、学級活動、道徳

1）ねらい

　自分に起きたいろいろなできごとを、前向きに捉えるか後ろ向きに捉えるかにより、できごとへの印象や感じ方が違ってきます。物事に対する捉え方のくせに気づき、問題を解決したり行動したりするときにできるだけプラスに考え、前向きになる捉え方を考える学習をしていきます。

2）実践の様子

　次のような流れで学習を進めます。

①ある出来事を書いたプリントを配付し、自分の考え方に近いほうに〇を付け、選んだ理由を発表します。

> 【出来事】ドッジボールをしたとき、たかし君のミスで負けた。
> さとる君：たかし君のせいで負けてしまった。勝てるところだったのに。
> みのる君：勝つこともあれば負けることもあるよ。次はがんばるぞ。

②プラス思考について説明します。また、間違ったプラス思考についても説明します。

- コップに入った清涼飲料水がこぼれて半分になってしまったときにどう思うかを質問し、自分の考え方のくせがあることを伝えます。
  　「あーあ、せっかく飲もうと思ったのに半分になっちゃった」→後ろ向き
  　「よかった、半分残った」→前向き
- 上記の「出来事」でも、考え方のくせが表れていることを伝えます。
- 生活へのプラス思考の影響を説明します。
  　「未来について明るく考えられる」「ストレスに強くなれる」「切り替えが早い」
  　「ダメージから回復する心の働きである『レジリエンス』が高い」「くよくよしない」
  　「起きてしまった出来事にまず向き合い、そして受け入れることができる」
- 間違ったプラス思考について説明します。
  　「できていないことや間違っていることをプラスに捉えることは間違い」
- 後ろ向きな捉え方のマイナス思考の生活への影響を説明します。
  　「『自分は何をしてもダメなんだ。どうせ、やっても無駄』といった自己否定をしやすい」

③ワークシートの1〜3をプラス思考で考えて記入します。

･･････▶ CD P2-S1-12

年（　）組（　　　　　　　　）

次のことを、プラス思考で考えてみましょう。
　＊プラス思考……前向き（積極的）な考え方。
　　　　　　　　いろいろなことを、うまくいくや何とかなるなど、良い方向に
　　　　　考えが向くこと。

1　今日の体育は、楽しみにしていたドッジボールだ。でも、雨でできそうにない。

2　いっしょうけんめい勉強したのに、漢字テストが60点だった。

3　席がえをしたら、あまり仲のよくない子ととなり同士になってしまった。

④プラス思考で考えることで、どのような気持ちになるかを発表します。
〈児童の感想〉

> - 私はいつもマイナスに考えてしまって、「こう言われたらどうしよう」ということばかり考えてしまうので、プラス思考で考えたいです。
> - すべてプラス思考で考えるのはよくないけれど、ざんねんなことがあったら、前向きによいほうに考えるようにしたい。
> - 考え方はプラス思考。でも、反省するときはしっかり反省する。自分を変えていかなきゃと思った。
> - 家ではいつもマイナス思考だから、そのくせを直したいと思った。

　プラス思考、マイナス思考を「考え方のくせ」と表現することで、自分はどちらのタイプなのかを考えるきっかけになります。さらに、日常で起こりうるケースを選択したり、具体的な対応を考えたりすることで、前向きな気持ちになるためには視点を変えたり発想の転換をしたりして捉え方を変えることが、その後の行動変容につながることに気づいていきます。

● 参考文献
　深谷昌志監修、深谷和子・上島博・子どもの行動学研究会・レジリエンス研究会著（2009）、子どもの「こころの力」を育てる―レジリエンス―、明治図書

笑顔の秘密	心	★★★★☆
	技	★★★☆☆
	体	★★☆☆☆

対象：小学校　全学年
場面：学級活動、保健委員会活動、掲示、保健だより

1）ねらい

　笑顔には心と体が元気になる秘密があることを理解し、笑顔が自分を前向きに変えることや人との関わりで笑顔でいることで人間関係がより円滑になることを体験を通して学んでいきます。

2）実践の様子

　「笑顔の秘密」の紙芝居を使い、担任による保健教育を行います。実施後には児童健康委員会、保健だよりなどの活動につなげ、日常生活の中で「笑顔」が意識できるようにしていきます。

① 担任による保健指導

　養護教諭が作製した紙芝居を使って、学年の発達段階に応じた内容で指導を行います。

〈笑顔の秘密　紙芝居シナリオ〉　　　　　　　・・・・・・▶ P2-S1-13〜 P2-S1-27

いろいろな顔	わたしたちは毎日の生活の中で、いろいろな表情をしますね。泣いた顔、怒った顔、しょんぼりした顔、笑った顔。この中で、楽しい気持ち、うれしい気持ちになるのはどんな顔かな？	③ めんえきりょく アップ 	がん細胞や体内に侵入するウイルスといった、からだに悪影響を及ぼす物質を退治しているのがNK細胞です。NK細胞の働きが活発だと、感染症にかかりにくくなるといわれています（これからの季節、かぜやインフルエンザの予防にもなりますね）。笑いが発端となり、血液やリンパ液を通じて体内に流れ出し、NK細胞を活性化します。その結果、ウイルスなどの病気のもとを次々と攻撃するので、免疫力が高まるというわけです。 逆に、悲しみやストレスなどのマイナスの情報を受け取ると、NK細胞の働きは鈍くなり、免疫力もパワーダウンしてしまいます。特に面白いことがなくても、作り笑顔を続けた後にNK細胞が活性化するという結果が出ています。笑顔は免疫力アップに効果的です。
えがおのひみつ 	そう、笑顔だね。笑顔には、私たちが健康になれる秘密があるんだって。どんな秘密かな。		
① 「のう」のはたらき アップ 	脳の海馬は、新しいことを学習するときに働く器官。笑うとその容量が増えて、記憶力がアップします。意思や理性をつかさどる大脳皮質に流れる血液量が増加するため、脳の働きが活発になります。	④ しあわせ アップ	笑うと脳内ホルモンであるエンドルフィンが分泌されます。この物質は幸福感をもたらします。また、鎮静作用もあり、痛みを軽減します。
② きんりょく アップ 	笑っているときは心拍数や血液が上がり、呼吸が活発になって酸素の消費量も増え、いわば"内臓の体操"状態になります。さらに大笑いするとお腹や頬が痛くなるように、腹筋、横隔膜、肋間筋、顔の表情筋などをよく動かすので、筋力を鍛えることにもなります。	みんなのしあわせアップ！ いつものあいさつに「えがお」をそえて、 「えがおであいさつ」 「えがおでげんきはいたつにん」になろう！ 	自分はもちろん、あなたの周りのみんなの幸せがアップするように、簡単にできることがあります。それは、いつもの挨拶に「笑顔」を添えることです。さあ、今日から「笑顔で元気配達人」になりましょう。

② 掲　示

　廊下の保健コーナーに、指導内容のまとめと「笑顔レッスン」を掲示します。指導内容をまとめたものを掲示し、意識を向けるようにしました。「笑顔レッスン」のやり方を見ながら、鏡の前で笑顔をつくります。

③　児童健康委員会「笑顔の秘密　スマイル作戦」

　みんなの笑顔と元気を喚起するために、「だじゃれ募集」と「笑顔で挨拶」という2つの活動を行いました。

　「だじゃれ募集」では多くの作品が寄せられ、昼の放送で学年別に発表しました。「笑顔であいさつ」では、あいさつ委員会とともに朝の挨拶運動に参加し、笑顔で挨拶することを呼びかけ、「元気配達人」をアピールしました。

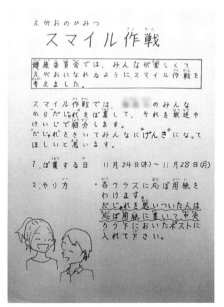

だじゃれ募集

笑顔で挨拶

④ 保健だより

「笑顔の秘密」の取り組みを保健だよりにまとめ、家庭で話題になるようにします。1週間後に「えがおのひみつ　ふりかえり」を使って振り返りを行い、指導内容の定着を確認します。

▶ CD P2-S1-28

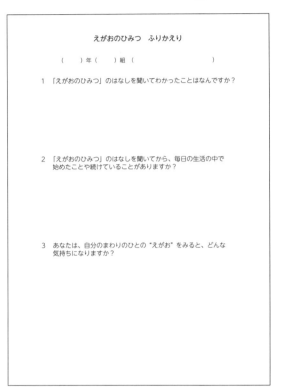

〈児童の感想〜1週間後の振り返りより〜〉

- 「免疫力がアップする」と聞いて、今年、休むことが多かったので、笑顔でいることを毎日思い出している。
- 返事をしたり、あいさつしたりするときに笑顔で言うようにしている。
- あいさつ委員会であいさつするときに、笑顔で言うようにしている。
- 笑顔の話を聞いてから、家族とよく話をするようにしている。

〈教職員の感想〉

- 子どもたちは、笑顔の効果を知り、驚いていた。笑顔で過ごすことのよさを再確認できた。
- いつも笑わせてくれる子のおかげで、みんなが幸せだねという話も出て、クラスがとてもよい雰囲気になった。
- みんなが笑って過ごせるような学級づくりは大切だと改めて実感した。
- ふとしたときに、この話を思い出して前向きな気持ちになれるといいなと思う。

　笑顔の効果を自分の日常生活につなげて考え、よりよい生活に向けて活かしていこうとする姿が見られました。さらに、クラスの友だちの存在のありがたさを再確認する機会となり、他者受容につながりました。健康委員会からの働きかけで全校の子どもたちが参加した活動は、「笑顔」をキーワードにした子どもたち同士が関わる機会にもなりました。

支え合うために 〜支えてくれる人と支えるスキル〜	心	★★★★☆
	技	★★☆☆☆
	体	☆☆☆☆☆

対象：中学生

場面：学級活動

1）ねらい

　困ったときに誰に相談すればよいのか、相談相手が見当たらずに一人で抱え込んでしまったり、いつも同じ人（特に保護者）に頼ったりしがちです。そこで、身近にいる人を思い出し、自分とどんな関係であるかを考え、困ったときに相談できる人がいるという安心感をもたせます。

　また、困っている友だちがいたとき、温かな言葉かけができるようなスキルを考えておくことで、人を支えることもできるという自信をもたせます。

2）実践の様子

（1）私の人間関係マップを作ってみよう！

①真ん中に自分の名前を書きます。

②「自分」の周りに、自分と関係がある人の名前を書きます。どの位置に誰の名前を書いてもよいです。

③「自分」とその人を、次のような線で結びます。自分を中心として、どの人がどの位置に書かれているのかを見てみるのもよいかもしれません。

とても信頼できる（＝＝）　普通の関係（――）　弱い関係（---）

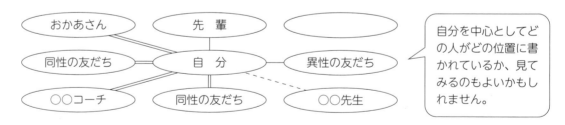

④どんな人の名前が書かれていたか、聞いてみましょう。

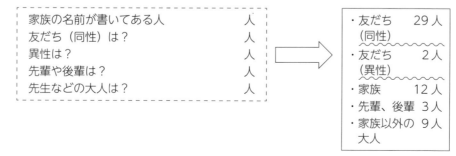

⑤この時期は友だちや家族が多く、異性も少しいます。小さい頃は、家族が多かったのに対し、しだいに友だちや先輩、後輩、異性の関わりが増え、とても信頼できると思うようになり、互いに支え合う存在になってきます。

（2）困っている友だち（クラスメート）へ、温かな言葉かけを考えてみよう！

①事例を紹介し、自分なりの言葉かけを考え、吹き出しに書いてみます。

> 文化発表会の合唱祭の本番で歌の出だしを間違えてしまい、Aさんの声が目立ってしまいました。せっかくクラスで練習してきたのに、優勝できませんでした。Aさんは、恥ずかしさと自分の責任を感じています。

②ワークシートに記入できたら、隣の人や班の人に言葉かけをし合います。Aさん役と言葉をかける役の両方を体験させてから、感想を発表してもらいます。

〈生徒のワークシートより〉

> 励ましの言葉が多い。相談に乗る。
> - 全然気にしなくていいよ！ 誰だってそういうことはあるからね！ クラスの審査点なんか気にしないで！ 全員で最後まで歌ったから、大丈夫だよ！
> - 歌のことなら気にすることはないよ！ 間違ったことくらいで審査点は下がることはないよ。Aさんが一生懸命に頑張って歌っていた努力は、みんなに伝わっているから！

〈生徒の感想〉

- 自分の周りにいる人の名前を書いていたとき、頭の中にどんどん浮かび上がってきたので、自分には相談できる人がこんなにいるとわかってよかったです。
- 同性には話せても異性とあまり話さないから、どうやって声をかけたらよいのかがわからなかったです。でも、異性にも話しかけることは大事だから、少しずつだけど話していこうと思いました。
- 自分が思っていた以上に優しい言葉をかけてくれたのでうれしかったです。失敗したことをくよくよ考えるのは、みんなのためにもよくないと思いました。もっと自分が成長できるように頑張りたいです。

学級活動ワークシート

支え合うために

～支えてくれる人と支えるスキル～

年　　組　　名前

(1) あなたの身近な人の名前を書きましょう。

「自分」とその人を、次のような線で結びましょう。
　　とても信頼できる（＝）　普通の関係（－）　弱い関係（---）

(2) 困っている友だちへの温かな言葉かけを考えましょう。

文化発表会の当日、合唱祭でとても緊張していて、歌の出だしを間違えてしまい、Aさんの声が目立ってしまいました。その瞬間、Aさんは恥ずかしくて顔が赤くなり、頭は真っ白になりました。そして、歌い終わった後、恥ずかしさと、「クラスの審査点はどうなるのだろう」ととても心配になりました。

Aさんは、どんな気持ち？

Aさんへの言葉かけ

part 2 | 実　践

▶ P2-S1-30

今日の授業を振り返りましょう

　　　　　　　　　　　　　　　　　　　　もう少し　――――→　できた

1　今日の授業の内容を理解した　　　　1　　2　　3　　4　　5
2　今日の授業をがんばった　　　　　　1　　2　　3　　4　　5
3　次の性の授業もがんばろうと思う　　1　　2　　3　　4　　5

この授業を通して、学んだことや感じたことを書いてみましょう。

※事例の参考図書　渡辺弥生・小林朋子編著（2013）『10代を育てるソーシャルスキル教育［改訂版］感情の理解やコントロールに焦点を当てて』北樹出版

自己・他者のよいところ	心	★★★★★
～同性・異性の友だちのよいところさがし～	技	★★★☆☆
	体	☆☆☆☆☆

対象：中学生

場面：学級活動（性に関する指導）

1）ねらい

　中学生の時期は、「自分に自信がない」「傷つくことが怖い」「どうやって接すればよいかがわからない」などを理由に、恋愛から逃げてしまう生徒もいます。特に、異性と話すことがない生徒の中には、自分が好意的に思われていないと思い込んでいる生徒も少なくありません。

　そこで、同性の友だちと異性の友だち、それぞれのよさを見つけ出させることで、それぞれの自己肯定感を高めさせたいと考えました。そして、自分に自信をもち、同性、異性関係なく話してみようという前向きな気持ちがもてるようにします。

2）実践の様子

①男女別に4～5人のグループをつくります。クラスの実態により、男女一緒でもできます。

②グループで「クラスの女子のよいところ」「クラスの男子のよいところ」を出し合います。言葉が浮かばない人は、「友だちのよさヒントカード」を参考にしてもらいます。

③10分ほど経ったら、代表の人に発表してもらいます。

④板書では学級担任の裁量で、自由に書いてもらいます。

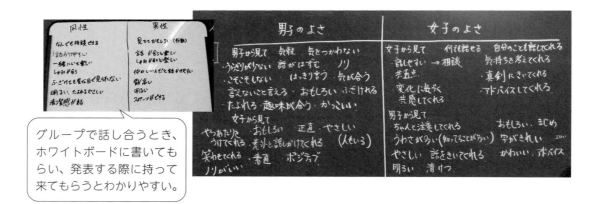

グループで話し合うとき、ホワイトボードに書いてもらい、発表する際に持って来てもらうとわかりやすい。

⑤〈注意点〉

- クラスの人のよさをたくさん見つけて、自己肯定感を高めさせてください。
- 「かわいい」「かっこいい」など外見を参考にすることは恋愛に関係することもあります。性差を問わず恋愛を肯定的に捉えさせてください。

〈生徒の感想〉

- あまり友だちのよいところを考えたことがなかったけど、うちのクラスには女子のよいところや男子のよいところが、それぞれたくさんあることがわかってよかったです。
- 男子から見て、女子のよさには「えっ、意外だな」って思うことがあったけど、よいことをたくさん言ってもらえてうれしかったです。女子は女子同士で気が合うし話しやすいけど、内容によっては男子に相談することもいいなと思いました。

P2-S1-31

ワークシート

異性の友人との関わり

　　　年　　組　名前

　同性・異性の友だちのよいところさがし

友だちのよいところを書いてみましょう。

同性の友だちのよいところ	異性の友だちのよいところ

今日の授業を振り返りましょう　　　もう少し　──▶　できた

1　今日の授業の内容を理解した　　　1　　2　　3　　4　　5
2　今日の授業をがんばった　　　　　1　　2　　3　　4　　5
3　次の性の授業もがんばろうと思う　1　　2　　3　　4　　5

この授業を通して、学んだことや感じたことを書いてみましょう。

part 2 | 実　践

友だちのよさヒントカード（言葉が浮かばない人は、この言葉を参考にしてください）
　※「こんな人がいいな」と思うことを選んでください。

優しい	スポーツができる
誠実である	話を聞いてくれる
容姿が好み	趣味が合う
勉強ができる	明るい
面白い	話しやすい
かっこいい	何でも言うことを聞いてくれる
毎日連絡をくれる	誰にでも親切
清潔	頼れる

	心	★★★☆☆
自分を見つめ、「心の力」を育てよう	技	★★☆☆☆
	体	★★★☆☆

対象：中学3年生　全学年

場面：学校保健委員会（第1回・第2回）

1）ねらい

「ストレスとその対処法」を学び、感情をコントロールして自分と向き合ったり、他と関わったりしながら、さまざまな困難から自分を守り、前向きに成長していく力を身につけるようにします。

2）実践の様子

第1回学校保健委員会では、受験などがある3年生を対象に「ストレスマネジメント講座」を行い、3年生が学んだことを第2回学校保健委員会で後輩に伝えながら、全校で「自他を思いやる関わり方」について学ぶという2段階の形で行います。生徒保健委員が会の進行や問題提起をし、3年生の各部活動の部長も巻き込み、伝達や実技等の体験も交えながら全校生徒参加型の会とします。

〈第1回学校保健委員会〉

1　参加者　　3年生
2　テーマ　　「心と体の健康を考えよう　―ストレスマネジメント―」
3　講　師　　スクールカウンセラー（もしくは養護教諭）
4　内　容　　① 3年生を対象に、ストレスの仕組みや健康への影響とその対処法（リラックス法）について講義と体験を通して学ばせ、日常生活に活かしながら前向きに取り組む意欲につなげます。
　　　　　　② 「体験したリラックス法をみんなに伝えよう」と投げかけ、後輩や家族に伝えた様子を振り返りカードに記入するようにします。「後輩にも教えたい」という生徒は、その日の部活動で後輩に早速伝えている姿も見られます。

大会の前に仲間とリラックス法を試して、気持ちを落ち着かせてみよう！

前向きな気持ちがもてた。ストレスとしっかり向き合いたい。

ストレスマネジメントをみんなに広めよう
〜試してみよう、伝えよう〜

年　　　組（　　　　　　　　　　）

1　あなたは、学校保健委員会で学んだリラックス法を試してみましたか？どんなときにどの方法をやってみたか、そしてその感想などを教えてください。

2　あなたが学校保健委員会で学んだリラックス法を伝えた人について教えてください。伝えた人すべてに○をつけてましょう。

〔友だち・部活動の後輩・家族（父母・祖父母・兄弟・姉妹）・先生・その他（　　　　　）〕

3　誰にどの方法を教えたか、そして相手の様子やそのときのあなたの感想を教えてください。
　（1人目）

　（2人目）

　（3人目）

4　あなたのおすすめのリラックス法やストレス解消法があったら教えてください。

〈第2回学校保健委員会〉
1 参加者　学校医・学校歯科医・学校薬剤師・全校生徒・学校職員・保護者
2 テーマ　自分を見つめ、「心の力」を育てよう
　　　　　―『困った！』ときを乗り越えるためにあなたならどうする？―
3 内容

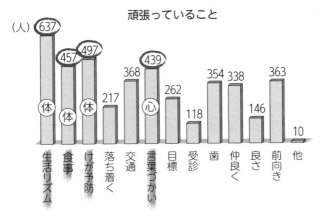

① 「本校生徒が各自の健康生活のために頑張っていること」のアンケート調査の集計結果を生徒保健委員会が提示します。健康は「心と体の両面の健康」から成り立っていることを確認し、心の健康のために必要なことに目を向けるようにします。
② 3年生は、自分たちが学んだストレスやリラックス法について後輩に伝え、全校でリラックス法を体験します。
③ お互いを大切にする関わり方（アサーション）をスクールカウンセラーから学びます。
④ 全校生徒がペアになり、学校職員によるロールプレイを参考にしてシナリオ（カード）に沿ってアサーション体験を行います。日常の生活の中を振り返りながら、自他を思いやる関わり方について学びます。
⑤ 「心と体の健康」の保持増進のために実践することを各自、標語に表すことを生徒保健委員会が提案し、意識化・実践化を図るよう努めます。

4 まとめ
- 第1回学校保健委員会の3年生の感想では、「体験したリラックス法を後輩にも教えたい」と言う生徒が多く、その日の部活動で早速実演して伝えている姿が見られたことや、実施後の「いろいろな場面で活用している」という感想から、さらにいろいろな場面で活かされていくと考えられます。
- 第2回学校保健委員会では、「自分も相手も大切にするコミュニケーション（アサーション）について」「ストレスについて」「リラックス法について」が特に参考になったと感想であげている生徒が多かったことから、日常生活に活かして前向きに取り組もうという意欲につなげることができます。

　これらのことから、日常生活の中で生じるストレスやトラブルなどの困難なことにも前向きに取り組んでいくために、リラックス法や自他を思いやる関わり方を常に意識して生活することが、心と体の健康のバランスを保つことにつながり、「心の力」の育成に有効だと考えられます。

part 2 | 実 践

▶ CD P2-S1-34

やってみよう！試してみよう！

（　）年（　）組（　）番（　　　　　　　　）

＊あてはまる□に○を書きましょう。

1　3つの話し方をやってみて
　① 一番気持ちがよかったのは、どの人をやったときですか？
　　□ Aさん　　　□ Bさん　　　□ Cさん
　② 一番いやな気持ちになったのは、どの人をやったときですか？
　　□ Aさん　　　□ Bさん　　　□ Cさん

2　3つの話し方の相手役をやってみて
　① 一番気持ちがよかったのは、どの人の相手をしたときですか？
　　□ Aさん　　　□ Bさん　　　□ Cさん
　② 一番いやな気持ちになったのは、どの人の相手をしたときですか？
　　□ Aさん　　　□ Bさん　　　□ Cさん

3　両方の役が終わったあとで
　① 自分がやるのも、相手役をするのも気持ちがよかったのはどの人のときですか？
　　□ Aさん　　　□ Bさん　　　□ Cさん
　② その理由を書きましょう。

　　┌─────────────────────────────────┐
　　│　　　　　　　　　　　　　　　　　　　　　　　　　　　　　　　　　│
　　│　　　　　　　　　　　　　　　　　　　　　　　　　　　　　　　　　│
　　└─────────────────────────────────┘

〔資料〕「3つの話し方シナリオ」

私は友だちにアイドルのCDを2週間前に貸しました。ところが、私の兄が聴きたいと言い出したので、そのCDを返してくれるように友だちに頼むことになりました。
〈Aさん〉 　Aさん：この前のCD、早く返せよ。 　相　手：えっ、何？ 　Aさん：何がじゃないよ。貸しただろ、この前。 　相　手：あー、あれね。忘れていただけだよ。そんなふうに言わなくたっていいでしょ。 　Aさん：忘れていただけだって？　なんだよ。いっつも、そうじゃないか。 　相　手：そんなことないよ。 　Aさん：ふざけるなよ。いいから、ちゃんと返せよな！ 　相　手：ふざけてなんていないけど…。
〈Bさん〉 　Bさん：ええっと…。あのー、この前の…。 　相　手：何？ 　Bさん：あのー、この前貸したCDのことなんだけど…。 　相　手：何だっけ？ 　Bさん：あのー、この前のアイドルのCD。 　相　手：あ〜ぁ、忘れてた。いま、持っていないから、また今度でいい？ 　Bさん：あっ、うん。いつでもいいんだけど…。 　相　手：そう？　悪いね。 　Bさん：いいよ、いいよ。
〈Cさん〉 　Cさん：○○さん。この前貸したアイドルのCD、今日、返してほしいんだけど。 　相　手：あ〜ぁ、あれね。今日じゃなきゃだめ？ 　Cさん：明日、兄が聴きたいって言っているから、できれば今日返してほしいんだけど。 　相　手：あぁ、そうなんだ。今日、持ってきてないから明日でもいいかな。 　Cさん：じゃあ、明日の朝ね。 　相　手：わかった！　ごめんね。

学校保健委員会に参加して
　　テーマ：自分を見つめ、『心の力』を育てよう
　　　　　―『困った！』ときを乗り越えるためにあなたならどうする？―
　　　　　　　（　　）年（　　）組（　　）番（　　　　　　　　　　）

1　学校保健委員会に参加して、どんなことを考えましたか。

　　┌─────────────────────────────┐
　　│   │
　　│   │
　　│   │
　　└─────────────────────────────┘

2　特に何が参考になりましたか。

　　（　　）本校の生徒ががんばっていること
　　（　　）ストレスについて
　　（　　）リラックス法について
　　（　　）自分も相手も大切にするコミュニケーション（アサーション）について
　　（　　）〔　　　　　　　　　　　　　　　　　　　　　　　　　　　　〕

3　自分の心と向き合い、「心の力」を育てる方法を知ることができましたか。

　　（　できた　・　すこしできた　・　あまりできなかった　）

4　あなたは、これからどんなことを心がけていこうと思いましたか。

　　┌─────────────────────────────┐
　　│   │
　　│   │
　　│   │
　　└─────────────────────────────┘

5　『心の力』を育て、さらに「健康な心と体」になるためにどんなことが大切かを考えて、標語をつくりましょう。

　　＊[　　　　　]　の中を好きな色でぬりましょう。

　　　　　　　　　　　　　年　　組（　　）（　　　　　）
　　┌─────────────────────────────┐
　　│   │
　　│   │
　　└─────────────────────────────┘

part 2 実　践

オトナの保健だより（教職員向け保健だより）	心	★★★★☆
	技	★☆☆☆☆
	体	★★★★★

対象：教職員

場面：打ち合わせ、職員会議

1）ねらい

　生徒の健康に関するアンケート結果、保健室での様子や健康課題、話題になっている健康に関する情報等を知らせることで、教職員の心身の健康への意識を高めます。

2）実践の様子

　教職員の打ち合わせや職員会議等で配付し、簡単に内容を説明します。

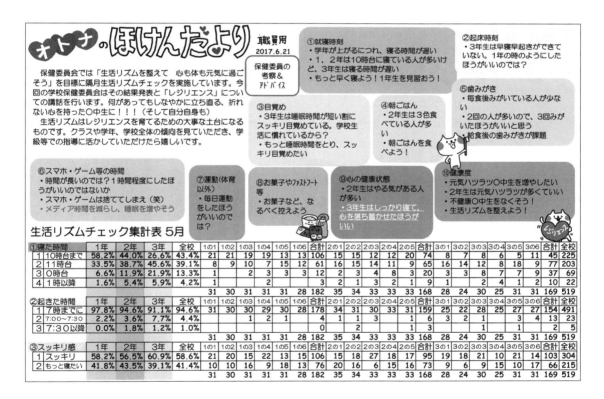

　「朝の会で話題にしたよ」「懇談会の資料にしたいから、データをちょうだい」「学年だよりに載せるからね！」等、教職員が必要に感じることで生徒や保護者へ広めていくことにつながっています。

part 2 　実　践

	心	★★★☆☆
保健室来室カード（カルテ方式）	技	★☆☆☆☆
	体	★★★★★

対象：中学生

場面：保健室来室時

1）ねらい

　自分の心身の健康状態について振り返ることができるよう、保健室来室カードを個別のカルテ方式にして蓄積し、自分の傾向や変化、健康課題に気づくことによって心身の健康づくりへの意欲につなげます。

2）実践の様子

① 体調不良等で来室した際に各自記入します。

「保健室に来た日時」に偏りがある場合（例：「月曜日」が多い…土日の生活の乱れ、塾や習い事で就寝時刻が遅くなった日の翌日など）は、前日までの生活の改善の必要性に気づき、改善するきっかけになります。

「今の授業は」に記入する教科で特定の教科が多いことにより、苦手なものから逃げる傾向に気づきます。

私　の　健　康　状　態	
年　　　組　氏名　　　　　　　　　男・女　部活名（　　　　　　　）	
保健室に来た日時　　月　　日（　）　時　　分　今の授業は（　　　　　）	
① どんな症状ですか？　体温　　度　　分	頭痛　腹痛　気持ちが悪い　吐き気　嘔吐　下痢　のどの痛み　せき　鼻水　だるい　寒気　その他（　　　　　　　　　　　　　　　　　　　　）
② いつからですか？	2～3日前　昨日　起きたとき　（　）時間目　その他（　　　）
③ 夕食の時間は？	（　　　）時頃→食後に何か食べましたか？（　　　　　　　）
④ 昨日、塾等に行きましたか？	はい（　　時　　分）～（　　時　　分まで）　いいえ
⑤ 睡眠時間について　目ざめはどうでしたか？	就寝時刻（　　時　　分）～起床時刻（　　時　　分）　スッキリ目ざめた　目ざめが悪かった　夜中に何度か目がさめた
⑥ 朝食は食べてきましたか？	はい（何を食べましたか？　　　　　　　　　　　　　　　　）　いいえ（理由・食欲がない・時間がない・作ってもらえない・いつも食べない・その他）
⑦ 大便はしてきましたか？	はい（下痢　かたい　普通）　いいえ
⑧ 悩みや心配ごとはありますか？	はい　→（相談できる人はいますか？　はい　いいえ）　いいえ
*あなたの今の心の天気は？　その他（　　　）	*あなたの「元気の源」は何ですか？

「⑤睡眠時間について」で目ざめを確認すると、「スッキリ目ざめた」来室者は少ないです。心身の不調は目ざめに現れやすいです。

「*あなたの今の心の天気は？」により、体調不良の原因がからだだけなのか、心も関係しているのかに気づくきっかけになります。

そして、「*あなたの『元気の源』は何ですか？」で、自分なりのセルフケア方法があるかを確認します。

「⑧悩みや心配事はありますか？」で「はい」と答えても、相談できる相手がいればよいですが、「相談できる人がいますか？」が「いいえ」の場合は、「いつでも聞くからね」などと伝え、話を聞いたり見守ったりします。

② カルテとして整理します。

カルテはA4両面刷りで、1枚で4回分記入できます。4回目まで使い終わったら、新しいカルテにホッチキスで留めます。

右上に出席番号のシールを貼り、すぐに取り出せるようにしておきます。

カルテと学級名簿（来室した生徒名に○を記入）はクラスごとにクリアファイルに入れて、ケースで保管します。

〈生徒の感想〉

「俺、いつも月曜日の3時間目の数学のときに来てるじゃん。やばいじゃん」と自ら気づいた生徒がいました。休日の部活動や不規則な生活による疲れが体調不良につながっていることや、苦手な教科のときに来室していることがわかり、休日の過ごし方を考えたり、嫌なものから逃げる傾向にある自分を反省したりするきっかけになりました。「これからは睡眠をしっかりとって、このときに来ないようにする」と宣言してから、来室がほとんどなくなりました。

人から言われて気づくのではなく、カルテによって自分で気づくほうが、より行動変容につながりやすいと感じました。「このときは友だち関係で病んでいた！　今はもう大丈夫！」と、悩みが原因で体調を崩していたけれど乗り越え、自分の成長を実感する生徒、「こんなに保健室に来ているんだ」と驚く生徒等、反応はさまざまです。

以前の記録があることにより、養護教諭としても個々の健康課題を把握しやすく、睡眠や食生活等での保健教育や悩みへの対処等につなげることができます。

	心	★★★★☆
イライラ対処法	技	★★★☆☆
	体	★★★★☆

対象：小学校高学年・中学生
場面：掲示物

1）ねらい

自分たちの考えたイライラ対処法をまとめて掲示し、普段から目にすることで、実際にイライラしたときに対応できるようにします。

2）実践の様子

① 授業や学校保健委員会などで「イライラ対処法」を考えます。

性に関する指導

「思春期のからだと心」～イライラ対処法～

二次性徴を迎え、からだも心も変化してくる思春期。自分のからだや心に起こる変化に気づき、受け止め、大人に成長していく過程として捉え、イライラしたときやむかついたときに、自分でどう対処していくかを考える。

授業の流れ	資料など
○「思春期」の位置を人生図で確認する。 ○保健教育で、「からだの変化」について学習したね。 　「二次性徴」男子は「射精」、女子は「月経」が始まります。 　「大人へのからだの変化は、次の命を育てる準備が始まっていることです。恥ずかしいことではなく、次の命をつくる大事なことです」 　思春期にからだの変化を起こすもとは「ホルモン」です。 　「ホルモン」は「からだ」だけでなく「心」にも働いて「心の変化」を起こします。	・人生図 ・二次性徴　・射精　・月経 ・命を育てる大切な準備 ・ホルモン
○小学校のときと比べて、どんなところが変わっただろう？ 　心のチェックシートに記入してみよう。	・チェックシートを配り、各自記入
○ちょっと、聞いてみよう。「心のチェックシート」で「はい」と答えた人は、手をあげてください。	・チェックシート 黒板に人数を入れる。
○どんなときにそのように感じましたか？ 　（答えやすいものだけでいいので実際に発表してもらう） 　・「親がうるさい」とか思うようになった。反抗する。 　・「自分で決めたい」と思うようになった。 　　自分の気持ちがある→自分で決めたい→思うようにいかないのでイライラしてくる　「自我の芽生え」 　・悩みや不安が出てくる 　　平成○年○中生にとったアンケート調査の結果、73％が悩みをもっています。学年が上がるにつれて増えていきます。 　（1年61.4％、2年73.4％、3年85.3％） 　　1年生の悩みランキングは 　　　1位学習、2位部活、3位友だち、4位進路、5位自分 ・人と比べる ・誰かに認められたい	

・服装や髪型などのおしゃれに気を遣う ・周囲の目が気になる・恥ずかしい ・異性にも関心をもち始めるのもこの時期の特徴です	
○少しのことで腹が立ったり、悲しくなったり、喜んだりして心が不安定になります。	・心が不安定になる
○友だちと騒いでいたかと思えば、一人で考えこむなど、心が変化しやすいです。	・心が変化しやすい
○ホルモンの影響で脳の感受性が高まり、いろいろなことに敏感になります。 　こうした心の働きは大脳で営まれ、思春期は大脳の発達がめざましい重要な時期です。いろいろな感情が出てきて、不安で混乱することがありますが、多くの人がそう感じています。そうでない人もいます。個人差があります。	・個人差
○チェック項目の中にあった「イライラしたとき、どうしたらいいか」を考えましょう。 ・思いつくままに付箋紙に記入する（ブレインストーミング） ・班で意見交換をし(対処法の分類)、オススメイライラ対処法を考えよう！ 　条件＊人に迷惑をかけない　＊自分でできること ・班でオススメイライラ対処法を発表する。 　＊時間があったら感想を記入する	・付箋紙配付 ・付箋紙を貼る画用紙 ・油性マーカー

② 班になり、自分の「イライラ対処法」を出し合い、分類します。

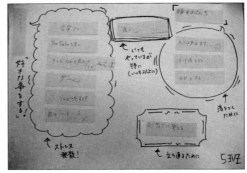

③ 班で分類したものを授業後に集めてまとめ、教室等に掲示します。

性に関する指導　思春期のからだと心

年　　　組　　　名前

🖤 心のチェックシート 🖤

下記の項目に（はい・いいえ）のどちらかに○を付けてください。

1	親にせわをやかれると、うるさいと思うようになった	はい	いいえ
2	自分の物を買うときは、自分で決めたいと思うようになった	はい	いいえ
3	イライラすることが出てきた	はい	いいえ
4	悩みや迷い、不安が出てきた	はい	いいえ
5	劣っている、優れているなど、人と自分を比べるようになった	はい	いいえ
6	誰かに認められたいと、思うことがある	はい	いいえ
7	服装や髪型などのオシャレに気をつかうようになった	はい	いいえ
8	周囲の目が気になり、恥ずかしいと思うようになった	はい	いいえ
9	「いいな」と思う人ができるようになった	はい	いいえ
10	異性と自由に話したいが、話しにくいときがある	はい	いいえ

今日の授業の感想を書きましょう。

授業の評価
（4つのうち1つに○を付けてください→）

先輩、おしえて！ 〜小学生の不安に中学生が答える〜	心	★★★★☆
	技	★★★★☆
	体	★★☆☆☆

対象：中学生

場面：委員会活動

1）ねらい

　中学校入学を控えた小学6年生の不安や質問に対し、委員会活動で中学生が答えを考えたり教職員へ聞いたりしたものをまとめておたよりにします。そして、小学6年生に配付し、中学校入学への不安を少しでも解消できるようにします。

2）実践の様子

① 中学校での1日体験入学後、小学6年生に「中学校の生徒や先生に聞きたいこと」のアンケートをとります。

【小学6年生からの質問】   P2-S1-37

6年生のみなさんへ

○月○日に○○中学校へ一日入学に行ってきましたね。
　小学校と比べて、どのように感じたでしょうか？　とても楽しみに思った人やちょっと不安に感じた人と、様々だったと思います。
　保健室では、みなさんが中学生になったとき、少しでも不安がなくなるよう、事前に○○中学校の生徒や先生にみなさんが聞きたいことや心配なことを聞いておきたいと考えました。アンケートに答えてください。

　　　　6年　　組　男・女　氏名

1　中学生になることで心配なこと、不安に思っていることがあれば書いてください。

2　中学校生活で、楽しみや期待していることがあれば書いてください。

3　中学生や中学校の先生に聞いてみたいことがあれば書いてください。

〈人間関係〉
・新しい友だちのつくり方
・上級生への接し方
・嫌なことがあったらどうしたらいい？
・先生って怖い？

〈学習〉
・授業は難しい？　ついていけるかが心配
・テストは難しい？　どのくらいある？
・家庭学習はどれくらいやればいい？

〈部活動〉
・部活って楽しい？
・どの部活が人気なの？

〈行事〉
・どんな行事があるの？

② 中学校の委員会活動で、質問に対する答えを話し合ったり先生にインタビューしたりして、おたよりにまとめていきます。自分たちも実際に経験してきたことなので、少しでも不安を取り除くことができるよう、親身になって考えます。

○○中学校へ入学するみなさんへ

われら○中
○中～♪

あと2か月でいよいよ中学生！ 期待と不安、どちらが強いですか？
「期待」をぐ～んとふくらませて入学できるよう、○中の先輩や先生からアドバイスがあります。みなさんの入学をとても楽しみにしています！

○○中学校はこんなところです！

学校教育目標

こころざしを育てる

「こころざし」とは…
将来に目標をもって主体的に生きる力のことです。

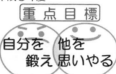

平成○年度
重点目標
自分を鍛え／他を思いやる
○中は未来の私の出発点！

5つの誇りづくり
心
つながる【挨拶】
ただす【服装】
かまえる【時間】
みがく【清掃】
ひとつに【合唱】

（平成○年2月現在）
☆生徒数　544名
☆職員数　49名
（カウンセラーさんや講師の先生を合わせると）

平成○年度
全校生徒数
2月現在（予定）

学年	男子	女子	合計
1年生	95	100	195
2年生	87	92	179
3年生	92	94	186
合計	274	286	560

人間関係

質問1　新しい友だちって、どうしたらできるの？

私もすごく不安でした。自分から話しかけるのが苦手で…。小さい小学校にいたので、クラス替えも初めてでした。どうしたらいいのかわからず、最初は小学校の時の友だちと一緒にいました。それからその友だちと少しずつ同じ班の子に声をかけたり、思い切って「友だちになろう！」と言ってみたり、だんだん友だちの輪を広げていきました。相手も同じように不安だったと思うから、思い切って声をかけてみて！　大丈夫‼ できるよ‼

やっぱり「笑顔」そして、待っていないで勇気を出して話しかけてみよう！
～先輩から～

相手から声をかけられることもあるから、その友だちを大切にしよう！その後の友だちづくりのきっかけにもなるよ！

友だちができるかなって不安になっているのはみんな一緒。勇気を出して話しかけてごらん。ほらっ2人とも笑顔になったね。
～先生から～

☆まずは、「おはよう！」「バイバイ！」とか「あいさつ」をしてみよう。
☆近くの席の友だちから攻めてみよう！
☆とにかくニコニコして、声をかけやすいオーラを出してみよう！
☆心配しなくても、2～3日でできるよ！

質問2　上級生への言葉づかいはどうしたらいいの？　上級生ってこわいの？

～先輩から～

基本は敬語です。「敬語じゃなくてもいいからね～」と言ってくれる先輩もいます。
優しい先輩、厳しい先輩、いろいろいますが、敬語で話す、服装・態度・時間を守るなど、きちんとやっていれば大丈夫！

全然こわくありません。上級生へも「あいさつ」すればOK‼
そして常にニコニコ（笑顔）して、上級生に接しましょう！

～先生から～

言葉づかいは、心づかいです。ていねいに話してごらん。ほらっそれが敬語だよ。

③ このおたよりを受け取った小学校では、「思春期の心〜中学校に向けて〜」の授業を行い、子どもたちに配付します。みんなが同じような悩みや不安を抱えていることを知ったり、中学生がみんなのことを心待ちにしていることを伝えたりすることで、安心することができたようです。

人生は「変化」があることに気づく	心	★★★★★
	技	★★☆☆☆
	体	★☆☆☆☆

対象：高校生以上
場面：学級活動

1）ねらい

　人生の中でうまくいかなかったり、落ち込んだりすることは誰もが体験することです。その中で諦めてしまいそうになることもあるでしょう。しかし、そのような出来事も人生における浮き沈みの「波」のうちの一つであるということを、この授業を通して学んでいきます。人生を生きていく中で困難を体験したとき、子どもたちがこれも人生の一部であると気付くことができるような「種」をまくことをねらいとします。道徳のねらいの一つである不撓不屈という項目ではなく、人生は絶えず変化があることを学ぶ授業であることを意識しましょう。

2）実践の様子

　今回は東日本大震災を体験した少年の絵本（葉祥明『あのひのこと　Remember March 11, 2011』）を用いて、どのように困難と向き合っていったかについて学んでいきます。震災という突然の出来事に翻弄された人たちが歩んだ人生を通して、困難は誰の人生にも起こりうるものであり、それを理解していくことが大切であると伝えていきます。

① 自分の人生の中でつらかったり、大変だったりしたことはあるでしょうか？

　子どもにこれまでにつらかった経験があるかどうか聞いていきます。あると答えた子どもの中から話ができそうな子どもがいれば聞いてみましょう。もし話せそうな子どもがいなければ教師自身の体験を話すこともよいでしょう。ここで困難は誰にでも起こりうるということを押さえます。次に震災を体験した少年についての絵本を示し、最後まで読みます。

② 自分が少年だったらどのような気持ちで震災後の生活を過ごしていたでしょうか？

　次に、震災後の少年の生活の中で、自分だったらどのように気持ちが変化していくと思うか子どもたちに考えさせます。レジリエンス曲線（p.109参照）などを用いて、変化をわかりやすく示すこともよい方法でしょう。これらのことを通して、困難が起きた後の気持ちの変化について考えていきます。また、考えたことをグループで共有し、考えを深めましょう。

③ 少年が最後に「うみがすきだ」ということができたのはなぜかを考えてみましょう？

　最後に、これまでの授業をもとに少年がなぜ震災の後再び「うみがすきだ」と思うことができたのか考えさせます。子どもたちが本の中に描かれている少年のその後の生活をもとにして

考えることができるように指導していきましょう。

④ まとめ

困難なことが起きた後も人生は続いていきます。その中では、苦しいことだけでなく楽しいことや嬉しいことも起きます。困難なことが起き、落ち込んでしまったときに、そのことに気づくことができるように指導を行っていきます。今回は震災という大きな変化についてでしたが、生活の中にある小さな変化も同じように起こるということも伝えるとよいでしょう。

●使用教材

葉祥明（2012）『あのひのこと　Remember March 11, 2011』佼成出版社

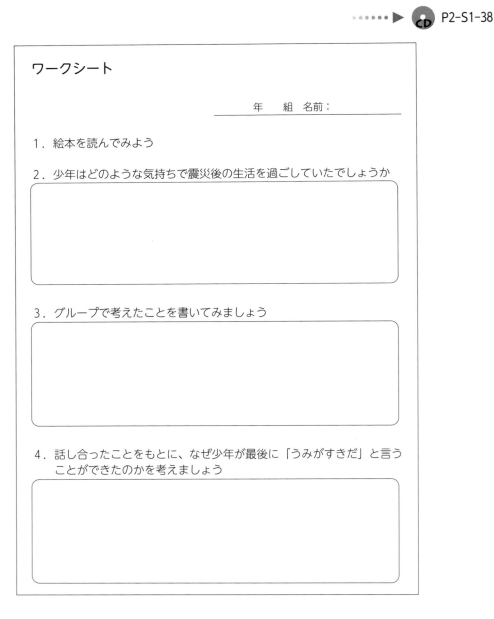

お手伝い大作戦	心	★★★★☆
	技	★★☆☆☆
	体	☆☆☆☆☆

対象：小学1年生

場面：長期休業中（冬休み）、家庭

1）ねらい

　小学校低学年では生活科で、家庭生活で自分にできることを考え、自分の役割を積極的に果たすことや、日常生活を見直して健康に気をつけて生活する態度を育てることを学習をする単元があります。お手伝い大作戦では、この単元での学習を実践する機会として計画を立て、実行します。お手伝いという直接体験を通して、自分のことは自分でやることの大切さや家族のために自分が役に立つことで喜んでもらえることを実感していきます。

2）実践の様子

　冬休みは年末年始を迎え、何かと忙しく、慌ただしくなります。そこで、年末年始に家族がどんなことをして過ごしているかに目を向け、家族の一員として自分にできることは何かを考え、計画を立て、実行します。そこで、実行に移しやすいように「お手伝い券」を利用します。

〈実施方法〉

① ワークシートの「おてつだいけん」に自分ができることを書き、おうちの人に渡します。
② おうちの人は、必要なときに切り取って子どもに渡し、子どもはそのお手伝いをします。
③ 自分の取り組みの様子や家族の反応などをワークシートの「ふりかえり」に記録します。
④ 学級で「おてつだいだいさくせん」の振り返りをします。

　教師は、手伝いが上手にできたことや継続して取り組んでいること、手伝いによって家族が喜び、家族の一員として役立っていることなどの成果を認めて称賛し価値づけます。それにより、今後、家庭生活以外でも、自分が役に立つことをやっていこうとする意欲を高めていきます。

●参考文献

深谷昌志監修、深谷和子・上島博・子どもの行動学研究会・レジリエンス研究会著（2009）子どもの「こころの力」を育てる－レジリエンス－、明治図書

おてつだい　だいさくせん

1年　　くみ　なまえ（　　　　　　　　　　　　）

おてつだいけん

① かぞくがよろこぶことをみつけて、おてつだいけんにかいて、おうちの人にわたしましょう。
② 家の人は、必要なときにチケットを切り取り、お子さんに渡してください。

(れい)　　ふろそうじ　　　　　　けん	けん	けん
けん	けん	けん
けん	けん	けん

ふりかえり　　おてつだいをしておもったことやおうちの人のようすをかきましょう。

おうちの人から

レジリエンス曲線を描いてみよう	心	★★★☆☆
	技	★★★☆☆
	体	★★★☆☆

対象：中学2年生以上

場面：学級活動、道徳

1）ねらい

「人生山あり谷あり」という言葉があるように、生きていくうちにさまざまな困難を経験します。子どもの場合、大きな困難と呼べるような経験をしていない子もいますが、日常的なストレス場面であれば経験しているでしょう。

この活動では、その子どもなりの山あり谷ありのレジリエンス曲線を描いてもらいます。自分の山あり谷ありを理解し、谷から山に向かうためにどのようなことがあったのかを振り返って、自分なりに乗り越えた経験を整理し、自分の中にあるレジリエンスを意識します。

2）実践の様子

① 曲線を描いてみよう。

生まれたときから、現在の年齢までで「幸せ」から「つらい」の範囲で曲線を描いていきます。もちろん、その人の主観で構いません。子どもにわかりやすく説明するために、先生のレジリエンス曲線を例にして説明してもよいでしょう（それが難しい場合には、有名人や歴史上の偉人を例にしても可）。

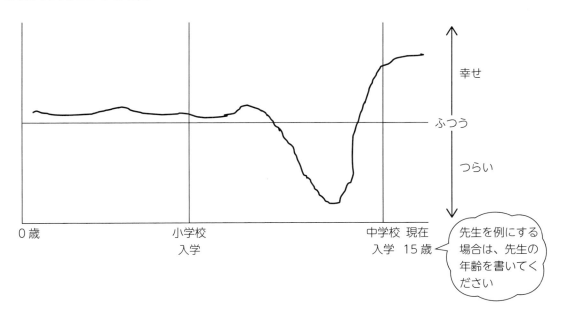

(例)
　先生は、小学3年生のときに地域のサッカークラブに入ったけど、体が小さくて、いつも倒されていたんだ。だから、サッカーは楽しかったけど、なかなか選手になれなかったのがとても嫌だったんだ。
　そこで、小学5年生のときから食事に気をつけてたくさん食べるようにしたり、コーチに相談して教えてもらったストレッチや運動を毎晩、1時間続けていたら体が鍛えられて、小学6年生の頃には体が小さくてもすぐに倒れなくなり、ボールをキープできるようになって、選手として試合に出られるようになった。それがとても嬉しくて、自信になったんだよ。

② 「幸せ」に上がった理由を考えてみよう。
　曲線が「つらい」から「幸せ」に向かって上昇したところで、どうして「幸せ」なほうに上がっていったのか、理由を考えてみましょう。そのときにどのようなことを考えたり、行動したり、誰かと出会ったり、アドバイスをもらったりしたのかなどを振り返って考えてもらいます。ここでは、つらい出来事を書かせるのではなく、つらい出来事の「後」に、どのように上昇したのか（乗り切ったり回復したりしていったか）に焦点をあてることが重要です。
　もしも曲線が平行のままの子どもがいたら、「小さいことで構わないので、少しでも曲線が描けるといいね」と伝えてみます。また、曲線が「幸せ」のところに届いていない子どもがいても、そのまま下がらないでいられることが大事であると伝え、そのままでいられるために、どのようなことを考えたり行動したりしているかを書くように伝えます。
　また、困難な経験をして、まだ「つらい」状況にいる子どもがいる場合や「曲線を描きたくない」と言う場合は、無理に描かせることはしないようにします。そのときは、「友だちがどう乗り越えたかを聞いて、『なるほど、できそうだ』と思うことを参考にできるといいね」と伝えます。

③ グループで共有してみよう。
　グループで自分のレジリエンス曲線を見せながら、②で振り返って考えたことを発表します。ただ、つらい出来事については、話したくなければ話さなくて大丈夫であることを伝えておくことが大切です。無理に話をさせるようなことはせずに、先生や友だちの話を聴くだけでもよいことをあらかじめ話しておきます。

part 2 | 実 践

ワークシート

年　　組　　名前：

レジリエンス曲線を描いてみよう

↑
幸せ

ふつう

つらい
↓

0歳　　　　　　　　7歳　　　　　　　　現在
　　　　　　　　　　　　　　　　　　　　歳

曲線が「つらい」から「幸せ」に向かって上昇したところで、どのようなことを考えたり、行動したりしましたか？

グループでの意見

レジリエンス曲線を描いてみて、考えたこと、思ったことなど、感想を書いてください。

Section 2 レジリエンスに関する教材を用いた実践

Part 2

1 活用の仕方について

ここでは、子どもたちのレジリエンスを高めるための授業案を紹介します。ここでの授業は次の3つの特徴を持っています。

① 紙芝居を用いている。
② 「富士山モデル」に沿っている。
③ いろいろな場面で使える。

① 紙芝居を用いている。

レジりん

単純にレジリエンスについて説明したり、ワークをしたりするだけでは、子どもたちが興味をもてないかもしれません。具体的にどのような場面が「困難」なのかということがわからない可能性もあると思います。
ここで紹介する授業は、「レジりん」というキャラクターが登場して、紙芝居を通してレジリエンスを育てる方法について学んでいきます。

② 「富士山モデル」に沿っている。

p.15に説明があったように、レジリエンスを育てるため「富士山モデル」では「心」「技」「体」の各要因をバランスよく育てることが大切です。
本授業は、この「富士山モデル」に沿ってつくられています。各要因にそれぞれ焦点をあてた授業を考案しているため、バランスよく「心」「技」「体」の各要因を育てることができるようになっています。

③ いろいろな場面で使える。

紙芝居はいくつかのテーマごとになっています。いろいろな場面で使用できるように、いくつかのパートに区切ることができます。
「1時間使えるから、レジリエンスについてしっかり授業がしたい」という場合には紙芝居の一連の流れを使って授業ができますし、「15分だけ取れそうだ」という場合には、一部分だけを用いて授業ができるようにしています。学級活動だけでなく、朝の会などいろいろな場面で活用してください。

part 2 | 実 践

② 実 践

『ぼくレジりん』の紙芝居（左）と台本（右）

▶ P2-S2-01〜 P2-S2-26、紙芝居ぼくレジりん台本

①

レジりん「ぼくの名前はレジりん」

②

レジりん「毎日生活をしていると、困ったことがたくさんあるよね。テストで悪い点を取ってしまったり、友だちと喧嘩したり、先生に怒られたり…。どうしたらいいかわからなくなることってあるよね」

③

レジりん「そんなときに、大事なのが『レジリエンス』という力なんだ！　レジリエンスは、一回落ち込んでもそこから立ち直る力のことだよ。今日は、ぼくが登場するお話を通して、ぼくと一緒にレジリエンスについて勉強しよう！」

④

ナレーター
　ここはレジりんたちの世界。今は夜の０時、みんな寝ています。おや、あそこに電気のついた家が。ちょっとのぞいてみましょう。

レジりん「明日は初めて部活の練習試合に出してもらえるぞ！　でも、すごく不安だな。眠れない〜。なんか気持ちがそわそわしてきた。お菓子食べたいな〜。…どうしてポテチとコーラの組み合わせって、こんなにうまいんだろ〜。でもまだ眠れない。そうだ、ゲームやっていたら眠くなるかも！」

ナレーター
　もう、こんな夜遅くなのに一人だけ起きています。
　明日の朝に練習試合があるのに、大丈夫？

⑤

ナレーター
　朝になりました。

レジりん「はっ、もう朝？　どうしよう、練習に遅刻する！　監督に怒られちゃうよ〜」

レジりん「はぁっ、はぁっ」

監督「遅いぞレジりん！　早く来い！　いつもいつも…。そんなんじゃ、いつまで経ってもレギュラーになれないぞ！」

レジりん「すみません…。(自分って、なんでこんなにダメダメなんだろ…もう何をやってもうまくいくわけないよ…)」

part 2 | 実 践

⑥

ナレーター
　練習に遅刻したレジりんは、罰として部室の掃除をさせられることになりました。

レジりん「まったく、みんなもっと綺麗に使えよな〜。うわっ！　どうしよう！　先輩のロッカーを散らかしちゃった」

⑦

レジりん「先輩はすごいよな、キャプテンで、性格も完璧。自分も先輩みたいになれたらな〜」

⑧

レジりん「ん？　なんか落ちている。チェックリストって書いてある。なになに？」

ナレーター
　そこには生活習慣を振り返る質問が並んでいました。
　レジりんは、一つ一つ質問に答えていきました。

⑨

レジりん「これで終わりっと…。って全然だめじゃん！　そういえば、怒られたのも寝坊が原因だったな…」

⑩

ナレーター
　ダメダメな生活を送っていたことに気づいたレジりんは、22時には寝るようにしました。
　また、お菓子は食べ過ぎずに、バランスのよい食事を摂るようにしました。
　すると、遅刻はしなくなりました。

ナレーター
　それからレジりんは一生懸命練習し、ついにレギュラーに選ばれるようになりました。
　やる気になったレジりんは、試合で大活躍！
　その後もレジりんは頑張って、いつもレギュラーに選ばれました。

⑪

ナレーター
　ある日、レジりんがいつものように運動場に行くと、他のメンバーが集まっていました。
　何かひそひそと話をしているようです。

レジりん「何を話しているんだろう…」

ナレーター
　また別の日。
　他のメンバーが何かひそひそと話をしています。

レジりん「またみんなで話している…。何を話しているんだろう」

⑫

レジりん「どうして、ぼく以外のみんなが集まって話をしているんだろう。ぼくだけみんなから仲間外れにされているのかな。なんだか部活に行くのが嫌になっちゃった」

ナレーター
　そう思ったレジりんは、放課後の練習をさぼってしまいました。

レジりん「部活に行きたかったけど、みんなから仲間外れにされるのは嫌だし…。どうしたらいいんだろう」

part 2 | 実　践

⑬

ナレーター
　レジりんが困っていると、目の前に小さな妖精が現れました。

レジりん「わぁ！　君は誰？」

なんでちゃん「私の名前はなんでちゃん。あなたは？」

レジりん「ぼくはレジりん。どうして急に出てきたの？」

なんでちゃん「レジりんが困っているみたいだからなんでかなって思ったんだ。何かあったの？」

レジりん「みんながぼくだけ仲間外れにしているから嫌になって部活さぼってきたんだ」

なんでちゃん「そうなんだ〜、それは大変だね〜。どうして自分だけ仲間外れにされているって思ったの？」

レジりん「どうしてって、ぼくがいないところで他のメンバーがこそこそ集まって何か話しているんだもん」

⑭

なんでちゃん「どうしてみんなは、こそこそ集まって話しているんだろうね」

レジりん「きっと、ぼくが最近部活に行くのが遅くて準備をみんなに任せているからだよ。みんなぼくのことを怒って悪口を言っていたんだよ」

なんでちゃん「そっか。レジりんは自分にも何か悪いところがあったと思っているんだね。部活に遅れてくるのってレジりんだけなの？」

⑮

レジりん「ぼくだけじゃないよ。他のみんなだって遅れることがあるよ。だから、ぼくだけ仲間外れにされるのはおかしいって思うんだ」

なんでちゃん「そっか。そういう考え方もできるね」

⑯

なんでちゃん「それと、こそこそ話していたとき、みんなはどんな話をしていたの？」

レジりん「そういえば、話の内容は聞こえなかったからわからないんだ。でも、もしかしたら悪口を言っていなかったかもしれない。気のせいだったのかな」

なんでちゃん「そういう考え方もできるね」

⑰

レジりん「こうやって考えてみると、最初は仲間外れにされているって思っていたけど、いろんな考え方ができるんだな」

なんでちゃん「困っているときは、一つの考え方でしか物事を考えられなくなっちゃうけど、いろんな角度から他の考え方ができるといいかもね。そうしたら解決法が見つかるかもしれないよ」

レジりん「そうか。そうやって考えてみるよ。ありがとう」

ナレーター
　そうしてレジりんは、なんでちゃんと一緒にいろんな考え方と解決法を考えてみました。

part 2 | 実 践

⑱

ナレーター
　それからレジりんは、また部活に行くようになりました。今日はいよいよ3年生の最後の大会です。レジりんは、先輩と一緒に野球ができる最後の機会なので、絶対に勝ちたいと思いました。
　試合が始まり、レジりんに打席が回ってきました。しかし、レジりんは緊張のあまり三振。

レジりん「大切な試合だと思うと、緊張してうまくできないよ…。どうしよう〜」

⑲

ナレーター
　レジりんが落ち込んでベンチに戻ると、何かが書いてある本が置いてありました。

レジりん「あれ、なんだろう、これ…」

ナレーター
　そこには、心を落ち着かせるリラックス方法が書かれていました。

レジりん「そうだ、これをやってみよう！」

⑳
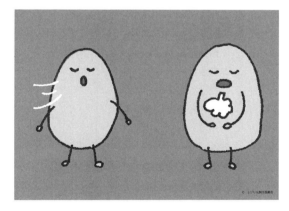

レジりん「は〜。気持ちが落ち着いてきたなぁ。よし、次は打てるぞ！」

㉑

ナレーター
　カキーン！　その言葉通り、レジりんは次の打席でヒットを打ちました。

㉒

ナレーター
　レジりんは大活躍し、次の試合からキャプテンを任されるようになりました。

レジりん「は〜。キャプテンなんて大役、ぼくに務まらないよ…」

ナレーター
　レジりんは家に帰ると、部屋で落ち込んでいました。

レジりん「どうしたらいいんだろ〜。わかんないよ〜」

ナレーター
　ドンドンドン。
　誰かがドアをノックしました。

レジりん「だ、誰？」

ナレーター
　レジりんがおそるおそるドアを開けると、そこには先輩がいました。

先輩「レジりん？　頑張れよって言いにきたんだけど…大丈夫か？」

レジりん「先輩！　いや、キャプテンになれたことは嬉しいですけど、一人で考えていたら不安になってきて…」

㉓

先輩「そっか。大丈夫。俺でよかったら聞くよ。一人で抱え込んでいたら大変だと思うし。なんでも話してくれていいから」

レジりん「せんぱい〜〜〜」

ナレーター
　レジりんは先輩に、不安な気持ち、どうしたらいいのか、思っていることを全部話しました。先輩はその話をずっと聞き、時にはアドバイスをくれました。

レジりん「ありがとうございました、先輩。不安で不安で仕方がなかったけれど、先輩に話を聞いてもらったおかげで元気になりました。キャプテン頑張ります！

先輩「そうか、よかった。そうそう、レジりん、これやるよ」

㉔

レジりん「えっ、先輩これって…」

ナレーター
　先輩はおもむろに耳に手をかけ、それをレジりんに渡しました。

先輩「これはコミュ耳と言って、誰かの話を聞いたりアドバイスをしたりできるようになるんだ。俺はもうなくても大丈夫だから、レジりんにやるよ。次はお前が誰かの話を聞いて助けてあげる番だよ」

㉕

ナレーター
　レジりんはコミュ耳を使い、部員の話をたくさん聞いてあげました。
　そして、周りから頼られるキャプテンになりました。

㉖ 「レジりん制作委員会」
統括　小林朋子（静岡大学教育学部）
キャラクター原案　栃久保祈　掛本健太　小堀春希　高林真衣
制作　栃久保祈　掛本健太　小堀春希　野崎花歩　高林真衣　田端なつ実
イラスト　高林佑衣

台本

▶ 🆑 紙芝居レジりん台本1〜紙芝居レジりん台本6

ページ番号／役割	レジリエンスについて
1／レジりん	ぼくの名前はレジりん。
2／レジりん	毎日生活をしていると、困ったことがたくさんあるよね。 テストで悪い点を取ってしまったり、友だちと喧嘩したり、先生に怒られたり…。 どうしたらいいかわからなくなることってあるよね。
3／レジりん	そんなときに、大事なのが「レジリエンス」という力なんだ！ レジリエンスは、一回落ち込んでもそこから立ち直る力のことだよ。 今日は、ぼくが登場するお話を通して、ぼくと一緒にレジリエンスについて勉強しよう！

ページ番号／役割	生活習慣
4／ナレーター	ここはレジりんたちの世界。 今は夜の0時、みんな寝ています。 おや、あそこに電気のついた家が。 ちょっとのぞいてみましょう。
レジりん	明日は初めて部活の練習試合に出してもらえるぞ！ でも、すごく不安だな。眠れない〜。 なんか気持ちがそわそわしてきた。お菓子食べたいな〜。 …どうしてポテチとコーラの組み合わせって、こんなにうまいんだろ〜。 でもまだ眠れない。 そうだ、ゲームやっていたら眠くなるかも！
ナレーター	もう、こんな夜遅くなのに一人だけ起きています。 明日の朝に練習試合があるのに、大丈夫？
5／ナレーター	朝になりました。
レジりん	はっ、もう朝？ どうしよう、練習に遅刻する！ 監督に怒られちゃうよ〜。
レジりん	はぁっ、はぁっ。
監督	遅いぞレジりん！　早く来い！ いつもいつも…。 そんなんじゃ、いつまで経ってもレギュラーになれないぞ！

	レジりん	すみません…。 (自分って、なんでこんなにダメダメなんだろ… もう何をやってもうまくいくわけないよ…)
6／ナレーター		練習に遅刻したレジりんは、罰として部室の掃除をさせられることになりました。
	レジりん	まったく、みんなもっと綺麗に使えよな〜。 うわっ！　どうしよう！　先輩のロッカーを散らかしちゃった。
7／レジりん		先輩はすごいよな、キャプテンで、性格も完璧。 自分も先輩みたいになれたらな〜。
8／レジりん		ん？　なんか落ちている。チェックリストって書いてある。 なになに？
	ナレーター	そこには生活習慣を振り返る質問が並んでいました。 レジりんは、一つ一つ質問に答えていきました。
9／レジりん		これで終わりっと…。 って全然だめじゃん！ そういえば、怒られたのも寝坊が原因だったな…。
10／ナレーター		ダメダメな生活を送っていたことに気づいたレジりんは、22時には寝るようにしました。 また、お菓子は食べ過ぎずに、バランスのよい食事を摂るようにしました。 すると、遅刻はしなくなりました。
	ナレーター	それからレジりんは一生懸命練習し、ついにレギュラーに選ばれるようになりました。 やる気になったレジりんは、試合で大活躍！ その後もレジりんは頑張って、いつもレギュラーに選ばれました。

ページ番号／役割		考え方
11／ナレーター		ある日、レジりんがいつものように運動場に行くと、他のメンバーが集まっていました。 何かひそひそと話をしているようです。
	レジりん	何を話しているんだろう…。
	ナレーター	また別の日。 他のメンバーが何かひそひそと話をしています。
	レジりん	またみんなで話している…。 何を話しているんだろう。
12／レジりん		どうして、ぼく以外のみんなが集まって話をしているんだろう。 ぼくだけみんなから仲間外れにされているのかな。 なんだか部活に行くのが嫌になっちゃった。

	ナレーター	そう思ったレジりんは、放課後の練習をさぼってしまいました。
	レジりん	部活に行きたかったけど、みんなから仲間外れにされるのは嫌だし…。 どうしたらいいんだろう。
13／	ナレーター	レジりんが困っていると、目の前に小さな妖精が現れました。
	レジりん	わぁ！　君は誰？
	なんでちゃん	私の名前はなんでちゃん。あなたは？
	レジりん	ぼくはレジりん。どうして急に出てきたの？
	なんでちゃん	レジりんが困っているみたいだからなんでかなって思ったんだ。 何かあったの？
	レジりん	みんながぼくだけ仲間外れにしているから嫌になって部活さぼってきたんだ。
	なんでちゃん	そうなんだ〜、それは大変だね〜。 どうして自分だけ仲間外れにされているって思ったの？
	レジりん	どうしてって、ぼくがいないところで他のメンバーがこそこそ集まって何か話しているんだもん。
14／	なんでちゃん	どうしてみんなは、こそこそ集まって話しているんだろうね。
	レジりん	きっと、ぼくが最近部活に行くのが遅くて準備をみんなに任せているからだよ。 みんなぼくのことを怒って悪口を言っていたんだよ。
	なんでちゃん	そっか。レジりんは自分にも何か悪いところがあったと思っているんだね。 部活に遅れてくるのってレジりんだけなの？
15／	レジりん	ぼくだけじゃないよ。 他のみんなだって遅れることがあるよ。 だからぼくだけ仲間外れにされるのはおかしいって思うんだ。
	なんでちゃん	そっか。そういう考え方もできるね。
16／	なんでちゃん	それと、こそこそ話していたとき、みんなはどんな話をしていたの？
	レジりん	そういえば、話の内容は聞こえなかったからわからないんだ。 でも、もしかしたら悪口を言っていなかったかもしれない。 気のせいだったのかな。
	なんでちゃん	そういう考え方もできるね。

17／レジりん		こうやって考えてみると、最初は仲間外れにされているって思っていたけど、いろんな考え方ができるんだな。
	なんでちゃん	困っているときは、一つの考え方でしか物事を考えられなくなっちゃうけど、いろんな角度から他の考え方ができるといいかもね。 そうしたら解決法が見つかるかもしれないよ。
	レジりん	そうか。そうやって考えてみるよ。ありがとう。
	ナレーター	そうしてレジりんは、なんでちゃんと一緒にいろんな考え方と解決法を考えてみました。

ページ番号／役割		リラックス
18／ナレーター		それからレジりんは、また部活に行くようになりました。 今日はいよいよ3年生の最後の大会です。 レジりんは、先輩と一緒に野球ができる最後の機会なので、絶対に勝ちたいと思いました。 試合が始まり、レジりんに打席が回ってきました。 しかし、レジりんは緊張のあまり三振。
	レジりん	大切な試合だと思うと、緊張してうまくできないよ…。 どうしよう〜。
19／ナレーター		レジりんが落ち込んでベンチに戻ると、何かが書いてある本が置いてありました。
	レジりん	あれ、なんだろう、これ…。
	ナレーター	そこには、心を落ち着かせるリラックス方法が書かれていました。
	レジりん	そうだ、これをやってみよう！
20／レジりん		は〜。気持ちが落ち着いてきたなぁ。 よし、次は打てるぞ！
21／ナレーター		カキーン！ その言葉通り、レジりんは次の打席でヒットを打ちました。

ページ番号／役割		コミュニケーション
22／ナレーター		レジりんは大活躍し、次の試合からキャプテンを任されるようになりました。
	レジりん	は〜。キャプテンなんて大役、ぼくに務まらないよ…。
	ナレーター	レジりんは家に帰ると、部屋で落ち込んでいました。
	レジりん	どうしたらいいんだろ〜。わかんないよ〜。

	ナレーター	ドンドンドン。誰かがドアをノックしました。
	レジりん	だ、誰？
	ナレーター	レジりんがおそるおそるドアを開けると、そこには先輩がいました。
	先輩	レジりん？ 頑張れよって言いにきたんだけど…大丈夫か？
	レジりん	先輩！ いや、キャプテンになれたことは嬉しいですけど、一人で考えていたら不安になってきて…。
23／先輩		そっか。大丈夫。俺でよかったら聞くよ。 一人で抱え込んでいたら大変だと思うし。 なんでも話してくれていいから。
	レジりん	せんぱい〜〜〜。
	ナレーター	レジりんは先輩に、不安な気持ち、どうしたらいいのか、思っていることを全部話しました。 先輩はその話をずっと聞き、時にはアドバイスをくれました。
	レジりん	ありがとうございました、先輩。 不安で不安で仕方がなかったけれど、先輩に話を聞いてもらったおかげで元気になりました。 キャプテン頑張ります！
	先輩	そうか、よかった。 そうそう、レジりん、これやるよ。
24／レジりん		えっ、先輩これって…。
	ナレーター	先輩はおもむろに耳に手をかけ、それをレジりんに渡しました。
	先輩	これはコミュ耳と言って、誰かの話を聞いたりアドバイスをしたりできるようになるんだ。 俺はもうなくても大丈夫だから、レジりんにやるよ。 次はお前が誰かの話を聞いて助けてあげる番だよ。
25／ナレーター		レジりんはコミュ耳を使い、部員の話をたくさん聞いてあげました。 そして、周りから頼られるキャプテンになりました。

	心	★★★☆☆
レジリエンスってなんだろう？	技	★★★☆☆
	体	★★★☆☆

対象：小学校高学年〜中学生・高校生

場面：学級活動（学活、総合的な学習の時間）、朝の活動、帰りの会、LHR

1）ねらい

レジリエンスを育てる前に、レジリエンスがそもそも何なのかということを知る必要があります。ここでは、レジリエンスという概念の意味を知ることを目指します。

2）留意点

子どもの中には、レジリエンスが特別な力だと思ってしまう子もいるかもしれません。そうではなく、誰でももっており、育てられるのだということを伝えましょう。

▶ CD P2-S2-27

紙芝居ページ	○予想される児童生徒の反応／■授業者の行動／□授業者の発言	留意点（*）用意するもの（・）
p.1〜p.2	■紙芝居の冒頭部分を読む。 □「今から、レジりんというキャラクターが出てくる物語を読みます。この中に、『レジリエンス』という言葉の説明があります。どんな意味なのかを考えながら聞いてください」 ■物語を通して、レジリエンスの意味を詳しく知る。 □「物語の中で、レジリエンスについての説明がありました。レジリエンスとはどのようなものだったでしょうか？」 ○「困難を乗り越える力」 □「レジリエンスとは『困難』を乗り越える力でした。では、みなさんは何かふだんの経験の中で困ったことはありますか？」 ○「友だちとけんかしてしまった」 ○「部活動でうまくいかないことがあった」 □「生活の中で困ることは誰にでもあり、それを乗り越える力が『レジリエンス』なのです」 □「もしかすると、こういった困難を乗り越えられるのは、特別な人なのかもしれないと思っている人もいるかもしれません。でも、レジリエンスは誰でも学ぶことができて、育てることができる力です」	・紙芝居 *子どもがうまく説明できない場合は、教員がわかりやすく説明する。 *「自分には無理かも」と思わせないように、誰でも育てられることを強調する。
p.3〜p.25	■富士山モデルについて理解する。 □「では、具体的にどうしたらレジリエンスは育つのでしょうか？　さっきの紙芝居の続きを読みます。この中でレジりんはいろいろな方法でレジリエンスを高め、困難を乗り越えていきます。どうやってレジリエンスを高めているのかを考えながら聞いていてください」 □「レジりんはどのような方法で困難を乗り切っていたでしょうか？」	*時間がない場合は、紙芝居を読まずに教員が富士山モデルについて説明してもよい。 ・紙芝居

○「生活習慣を見直していた」
○「考え方を見直していた」

□「いろいろな方法がありましたよね。これらは実は『心』『技』『体』の3つに分類することができます。これらは、それぞれ重要なもので、バランスよく育てる必要があります。これを『富士山モデル』と言います。いくら『心』の部分ができていても、『体』ができていないと、変な形の山になるよね。これではレジリエンスは育ちません。きれいな富士山になるように育てていく必要があります。それぞれを育てるための方法を、次の時間からみなさんで勉強しましょう」

【板書計画】

| レジリエンスについて知ろう |

○レジリエンスとは？
　→困難を乗り越える力
　　例えば…
・友だちとけんかしてしまった。
◎レジリエンスは、特別な力ではなく、誰でも育てられる。

富士山モデル

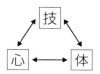

生活習慣を見直そう！		心	★☆☆☆☆
		技	★★☆☆☆
		体	★★★★★

対象：小学校高学年〜中学生・高校生

場面：学級活動（学活、総合的な学習の時間）、朝の活動、LHR

1）ねらい

レジリエンスを高めるために必要な生活習慣を振り返ることを通して、自分の課題を見つけ、改善しようとすることを目指します。

2）留意点

個人の努力のみでなく、家庭背景も関係する部分ですので、家庭の事情にも配慮しつつ、協力を求められるとよいでしょう。

▶ CD P2-S2-28

紙芝居ページ	○予想される児童生徒の反応／■授業者の行動／□授業者の発言	留意点（＊）用意するもの（・）
p. 3 〜 p. 10	■物語を通して、レジリエンスの詳細について説明する。 □「今から、レジりんというキャラクターが出てくる物語を読みます。物語の中で、レジりんはみんなと同じように困ったことに出会います。そのときに、レジりんがどうやって困ったことに立ち向かっているかを考えながら物語を聞いてください」 ■紙芝居を読み、考え方を変えるためのポイントを説明する。 □「物語の中で、レジりんは困難に出会っていました。ではまず、レジりんがどんなときに困っていたかを考えてみましょう」 ○「朝起きるとき」 ○「遅刻したとき」	・紙芝居 ＊紙芝居を見せながら、レジりんがどこで困難に出会っていたかを考えさせる。
p. 9	□「レジりんは困難に出会っていましたね。では、このときにレジりんはどのような行動をとっていましたか？」 ○「生活習慣をチェックしていた」 ■生活習慣とレジリエンスの関係性について説明するとともに、自分の生活習慣を振り返ることで自分の課題を見つけ、改善させる。 □「レジリエンスを育てるためには生活習慣を整えることがとても大切です」 □「では、自分のレジリエンスを弱めてしまっていないか、『レジリエンス授業　ワークシート：生活習慣』の1のチェックリストをやって確認してみましょう」	＊意見が出ないようであれば教師が該当箇所を提示する。 ・ワークシート ＊チェックリストを利用して、自分の生活を振り返る。

	□「チェックリストをやってみてどうでしたか？ 点数が高いということは、レジリエンスを育てることができているということです。低い点数が付いた人は、まだまだ伸びしろがあるということです」 □「①から⑧の項目の中から特に点数が低かった項目や、もっとよくしたいと思う項目を一つ決めてください。その項目の点数を上げることを今週の宿題とします」 □「では、これから点数を上げてみたい生活リズムについてワークシートに目標を書いてください。この生活リズムを変えるためにどのような目標を立てるといいかを考えてみましょう」 □「"どのような"目標を達成するために、"どのようなことができる"ようになるかを具体的に書きます。例えば、『朝早く起きる』ではなく、『朝6時半に起きる』のように具体的に書いてください。そして、その目標を達成するために、何をすればよいかも書いてみましょう。このときに、例えば夜寝るのが遅いから早く起きられないのであれば『夜は22時には寝るようにする』、宿題が終わらなくて夜早く寝られないのであれば、『宿題は夕飯の前にやる』などのように、自分が、どうしてその日は目標が達成できたのか、あるいはできなかったかを『レジリエンス授業　宿題シート：生活習慣』の『一言』に書いてみてください」 ■宿題の提示を行う。 □「さっき、生活リズムで直したいところを書いた、『レジリエンス授業　ワークシート：生活習慣』を見てください。それを、今日から次の授業まで意識して生活してみてください。それが宿題です」	・ワークシート ・宿題シート ＊感想を書かせてもよい。

【板書計画】

生活習慣を見直そう！

○レジりんが出会っていた困難　　　　　　　　　○自分の生活習慣を見直してみよう。
・遅刻して怒られていた。
　　　　　　　　　　　　　　　　　　　　　　　○目標を立てよう。
　　　　　　　　　　　　　　　　　　　　　　　　・目標は具体的に書こう。
○そのときにどんな行動をしていた？　　　　　　　　（例）朝早く起きる→朝6時半に起きる
・生活習慣を見直していた。
　→レジリエンスにとって、生活習慣は重要

【レジリエンス授業　ワークシート：生活習慣】

（　　）年（　　）組　　名前（　　　　　　　　　　　　　　）

1　自分の生活習慣をチェックしてみよう！

当てはまるものを選び、番号を書きましょう。		
①いつも何時に寝ていますか？	1　午前0時以降に寝た 2　午後11時～午前0時までに寝た 3　午後10時～午後11時までに寝た 4　午後10時前に寝た	
②いつも何時に起きていますか？	1　午前7時30分以降に起きた 2　午前7時～午前7時30分までに起きた 3　午前6時30分～午前7時までに起きた 4　午前6時30分までに起きた	
③スッキリ目覚めましたか？	1　夜、眠れなかった 2　もっと寝ていたかった 3　スッキリ目覚めた	
④普段、寝ているときに目は覚めますか？	1　3回以上 2　2回 3　1回 4　目は覚めない	
⑤毎朝朝ごはんを食べていますか？	1　何も食べない 2　（ごはん、パン）以外のものだけ 3　主食（ごはん、パン）＋1品まで 4　3種類以上のものを食べた	
⑥普段のゲーム、テレビ、スマホの時間を足すと何時間になりますか？	1　3時間以上 2　2時間台 3　1時間台 4　1時間未満	
⑦最近運動していますか？	1　運動不足と感じている 2　週2～3日運動している 3　週5～6日運動している 4　毎日している	
⑧最近、お菓子、清涼飲料水、ファストフードをどのくらい食べましたか？	1　ほとんど食べない 2　週に2～3日食べる 3　ほぼ毎日食べる	

目標

そのために、どんなことをすればよいか具体的に書いてみよう。

1.

2.

3.

【レジリエンス授業　宿題シート：生活習慣】

(　)年(　)組　名前(　　　　　　　　　)

◇1週間の生活習慣チェックをしよう！
　目標が達成できているか毎日チェックをしよう！

達成度のチェック(できた◎　少しできた○　できなかった△)

日付	◎／○／▲	一言
／		
／		
／		
／		
／		
／		
／		

合計

◎の数(　　)個　　○の数(　　)個　　△の数(　　)個

◇実際にやってみてどうだったかな？　感想を書こう！

	心	★★★★★
落ち着いて自分の気持ちと向き合おう！	技	★★☆☆☆
	体	★☆☆☆☆

対象：小学校中学年、高学年、中学生、高校生

場面：学級活動、朝の会、帰りの会、総合的な学習の時間

1）ねらい

レジリエンスを高めるためには、客観的に自分の気持ちと向き合うことが大切です。考え方と気持ちはセットになっています。どのような考え方をすると、どのような気持ちになるのかについて理解することを目指します。

2）留意点

出来事に対してマイナスの感情しか出てこない児童生徒がいるかもしれません。しかし、大切なのはどうしてそのような感情になったかを考え、その感情と向き合うことです。「自分はこう考えているから、こんな気持ちになったんだな」と考えられるようになる授業を目指しましょう。

▶ CD P2-S2-31

紙芝居ページ	○予想される児童生徒の反応／■授業者の行動／□授業者の発言	留意点（＊）用意するもの（・）
p.18〜p.21	■紙芝居を読み、授業のポイントを説明する。 □「物語の中で、レジりんは困難を乗り越えるために深呼吸をして、気持ちを落ち着けていました。今日のポイントは、困難を前にしたときに、一度落ち着いて自分が今どのような気持ちなのかを考えることです。困っているときには、どうしても気持ちが高まってパニックになってしまいますが、一度落ち着いて自分の気持ちを冷静に捉えることが大切です」 □「レジりんの例であてはめてみます（お話からあてはめて説明する）。レジりんは、最初は思うように打てませんでした。そのとき、『みんなに迷惑をかけてしまう』と考えました。このときは、焦りや不安という気持ちを抱いていますね。このように、実際にあった出来事についてどのように考え、どのように感じたかを知ることは非常に大切です。なぜなら、自分が焦っているということに気づくことができれば、『落ち着けるための深呼吸をしよう』など、次にどうすればよいかを考えることができるからです。今日は、一度落ち着いて自分の気持ちと向き合うための練習をしたいと思います」 ■別の事例で考えさせ、「レジリエンス授業　ワークシート：気持ちとの向き合い方」に記入させる。	・紙芝居 ＊板書計画参照 ・出来事→考え→感情の順に話を整理する。 ・ワークシート

	□「友だちに、自分のお気に入りの本を貸したところ、汚れて返ってきました」 □「このとき、どのようなことを考えますか？　また、そのときにどのような気持ちを抱きますか？　ワークシートに書いてみてください」 ■ワークシートに記入したことを発表させる。 ○（実際にあったこと）貸した本が汚れて返ってきた。 　（考え方） 　・せっかく貸したのに、信じられない！ 　・もう貸したくない！ 　・お気に入りだったのに…。 　・そんな子だと思わなかった。 　（気持ち） 　・怒り 　・悲しい 　・がっかり □「『お気に入りの本をせっかく貸したのに信じられない。もう〇〇ちゃんなんて嫌いだから、二度と話さない！』と思うこともあるかもしれませんよね。でも、そのときに一度落ち着いて自分の気持ちと向き合ってみてください。『自分は、お気に入りの本を汚されたから怒っているんだ。〇〇ちゃんがそんなことをする子だと思わなかったから悲しいんだ』というように自分の気持ちを整理することで、次にどのように行動するかを落ち着いて考えることができます。ただ、ここで気をつけたいのは、怒ることが悪いことではないことです。自分の大切なものを汚されて怒ることは当たり前の気持ちです。ただ感情的に、『許せない！』と怒るのではなく、『こういう理由だから〇〇ちゃんに私は怒っているの』と、怒っていることと、その理由を相手に伝えられるようになりましょう」 ■授業の振り返りを行う。 □「困ったときには、その出来事をどう考えているか、そしてどう感じているかを落ち着いてふりかえることが大切です」	＊感想を書かせてもよい。
	■宿題の提示を行う。 □「今日学んだ内容の練習を生活の中でもやってみましょう。生活の中で実際にあったこと、それに対して考えたこと、そのときの感情を記録してみましょう。それが今回の宿題です」	・宿題シート

【板書計画】

落ち着いて自分の気持ちと向き合おう！

☆今日のポイント
一度落ち着いて自分がどのような気持ちなのかを考えよう

レジりんの例

① 実際にあったこと　②考え方　　③気持ち

出来事	考え	感情
打てない	困った。どうしよう。みんなに迷惑をかけてしまう。	焦り 不安
貸した本が汚れて返ってきた	せっかく貸したのに、信じられない！ もう貸したくない！ お気に入りなったのに…。 そんな子だと思わなかった。	怒り 悲しい がっかり

考えてみよう

① 実際にあったこと　　②考え方　　③気持ち

自分に合ったリラックス方法は何だろう？

part 2 | 実　践

P2-S2-32

【レジリエンス授業　ワークシート：気持ちとの向き合い方】

（　）年（　）組　名前（　　　　　　　　　）

☆どんな気持ちかな？　考えてみよう！

【レジりんの場合】

①実際にあったこと　　　　　②考えたこと　　　　　③気持ち

思ったように打てない。　→　みんなに迷惑をかけてしまう　　焦り、不安

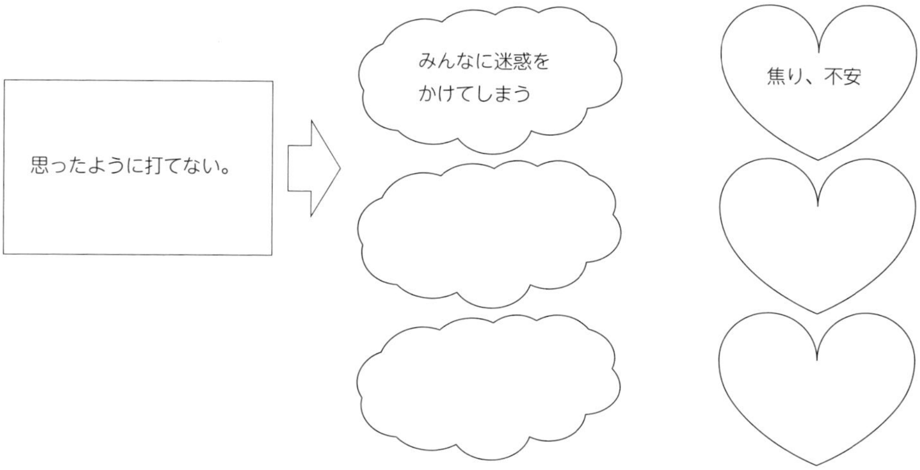

【練習問題】

友だちに、自分のお気に入りの本を貸したところ、汚れて返ってきました。

①実際にあったこと　　　　　②考えたこと　　　　　③気持ち

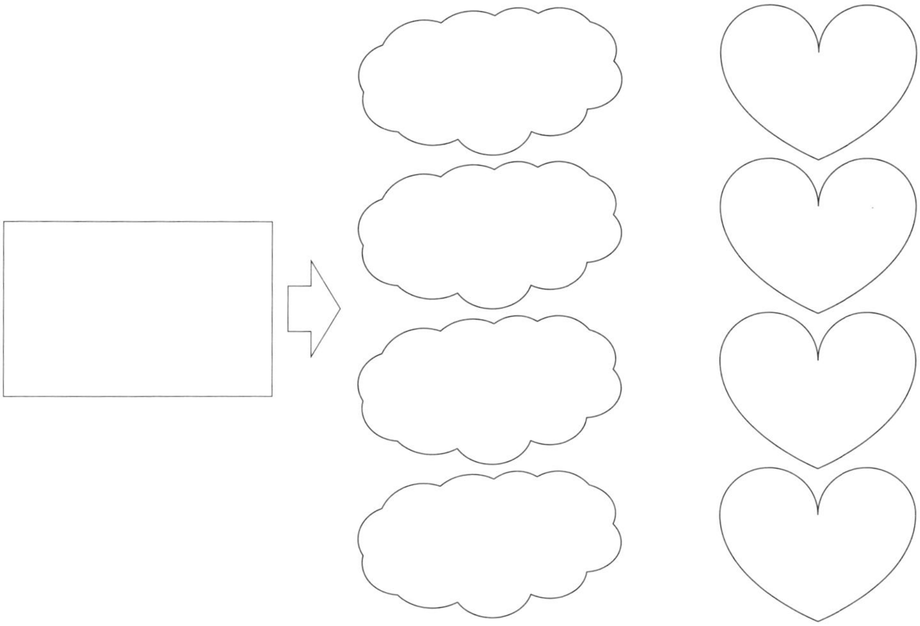

▶ P2-S2-33

【レジリエンス授業　宿題シート】

(　)年(　)組　名前(　　　　　　　　　)

◇ 1週間の生活の中で自分が感情と向き合った日を記録しよう！

(　)月(　)日
①実際あったこと　　　　　　②考えたこと　　　　　　③そのときの気持ち

(　)月(　)日
①実際あったこと　　　　　　②考えたこと　　　　　　③そのときの気持ち

(　)月(　)日
①実際あったこと　　　　　　②考えたこと　　　　　　③そのときの気持ち

◇実際にやってみてどうだったかな？　感想を書こう！

part 2 | 実 践

ものごとの考え方を知って、レジリエンスを高めよう！	心	★★★★★
	技	★★★★★
	体	★☆☆☆☆

対象：小学校高学年〜中学生・高校生

場面：学級活動（学活、総合的な学習の時間）、朝の活動

1）ねらい

　自分が今、どのように考えているのか客観的に捉えることをメタ認知と言います。メタ認知を行い、自分の考えが思い込みになっていたり、ネガティブになってしまったりしていないかを冷静に捉えることはレジリエンスを高める上で非常に重要なことです。そこで、本時では考え方を変えるポイントを伝え、練習問題を通じてメタ認知ができるようになることを目指します。

 P2-S2-34

紙芝居ページ	○予想される児童生徒の反応／■授業者の行動／□授業者の発言	留意点（＊） 用意するもの（・）
p.11〜p.12	■紙芝居を読み、考え方を変えるためのポイントを説明する。 □「物語の中で、レジりんはどのようなことに困っていましたか？」 ○「自分だけ仲間外れにされているように感じていること」	・紙芝居
p.13	□「そうでしたね。そして、レジりんが困っているときに"なんでちゃん"が登場しました。なんでちゃんは、レジりんに『どうして自分だけ仲間外れにされているか』理由を聞きました。レジりんはどのようなことを考えていましたか？」 ■どうして仲間外れにされているように感じたか、理由をあげさせる。 ○「自分以外の仲間が集まってコソコソと話をしていたから」	＊レジりんとなんでちゃんのやりとりを整理する中で、レジりんが1つの考え方に偏らずにさまざまな考え方ができるようになっていることに気づかせる。 ＊クラスの状況や時間により、児童生徒への発問を適宜増減する。
p.14	□「その後にも、なんでちゃんはレジりんに『どうしてみんなはコソコソ集まって話をしていたのか』理由を聞いていました。どのような理由を考えていましたか？」 ■どうしてみんながコソコソ話していると思うか、その理由をあげさせる。 ○「最近部活動に行くのが遅くて準備をみんなに任せているから、レジりんのことを怒って悪口を言っていると考えていた」	
p.15	□「でもなんでちゃんは、『部活に遅れてくるのってレジりんだけなの？』と質問をしていましたよね」 ○自分以外も遅れて来ることにレジりんが気づいたことに気づく。 ○「レジりんは、自分だけが部活動に遅れて来るわけではないのに、どうして自分ばかりが仲間外れにされるのかなと思った」	
p.16	□「さらに、なんでちゃんはレジりんにみんながどのような話をしていたかを聞きました。レジりんはどのように答えましたか？」 ○レジりんは話の内容は聞こえておらず、ただの勘違いだったかもしれないことに気がついたことに気づく。 ○「話の内容はそういえば聞こえなかったから、わからなかった」 ○「もしかしたら、仲間外れにされていると感じていたのは勘違いだったかもしれない」	

139

p.17	□「レジりんは、なんでちゃんと話す中で、あることに気がつきました。それは、どのようなことでしたか？」 ○1つの考え方にとらわれず、角度を変えて見ることが大切であることに気づく。 ○「最初は仲間外れにされていると思い込んでいたけど、もしかしたら自分の勘違いだったかもしれない。1つの考え方にとらわれずに、いろいろな考え方をすることが大切である」 □「1つの考え方にとらわれず、角度を変えて見ることがレジリエンスを高める上で非常に重要です。今日は、1つの考え方にとらわれずに、さまざまな角度から考える練習をしたいと思います。 まずは、ポイントを説明します。 角度を変えて見るために、最初に事実が何なのかを考えます。その次に、それに対していろいろな角度からその事実を考えてみます。相手の立場や別の考え方がないかを考えてみると、たくさんの考え方が思いつくかもしれませんね」 ■別の事例で考えさせ、「レジリエンス授業 ワークシート：考え方」に記入させる。 □「では、実際に練習問題をやってみましょう。1つの考え方にとらわれずに多様な視点で考えることができるといいですね」 □「新学期になり、クラス替えがありました。クラスの表を見てみると、仲のよかった友だちはみんな違うクラスになったことがわかりました。このとき、自分だったらどんなふうに考えますか？ 素直な気持ちや考えを書いてください」 ■ワークシートに記入したことを発表させる。 ○（実際にあったこと）クラス替えで仲のよい友だちと別のクラスになってしまった。 （いろいろな考え方） ・友だちと違うクラスなんてもう終わりだ。 ・仕方がないな。 ・新しい友だちをつくることが楽しみ。 □「いろいろな考え方で事実を見てみると、困難を乗り越えることにつながるかもしれません。『友だちと違うクラスなんて、もう終わりだ』と思ってしまうと、それだけで学校を休みたくなるほどつらい気持ちになりますよね。でも、他の考え方をすると、少し悲しくてもがんばろうという気持ちになります。このように、いろいろな考え方をすることが困難を乗り越えることにつながるかもしれません」 ■極端な例を提示する。 □「しかし、極端な考え方もあります。例えばテストで悪い点をとったとき、『こんなテストもできないなんて、自分は何てダメなんだ…』や『テストの点が悪かったけど、まあいっか！』などのような考え方をしている人は、極端にネガティブだったり、理由がないのにポジティブだったりしますね。このような考え方はみなさんもあると思います。しかし、このように理由がなくネガティブやポジティブに考えることは、自分の失敗の原因に気がつくことができないために、次も同じ失敗をする恐れがあります。どうして、このような考え方をしているのか、その理由を考えることも大切です」	・ワークシート ＊全体共有のときに、自分が思いつかなかった考えがあった場合には、空いている場所に記入させる。 ＊極端な考え方等では困難を乗り越えられないため、いろいろな角度から考えることが大切であることを伝える。

■授業の振り返りを行う。 □「角度を変えて見ることを心がけて生活することで、レジリエンスは高まっていきます。実際に困難に出会ったときは、考え方を変えてみることもよいかもしれませんね」 ■宿題の提示を行う。 □「今日学んだ内容を復習するために、宿題を出します。やり方は、今日授業で行ったものと同じです。自分だったら、どう考えるかな。他の考え方はないかな、と考えてやってみてください」	＊感想を書かせてもよい。 ・宿題シート ＊宿題でやってきた内容は、時間があれば次の日の授業前（朝活動など）で共有するとよい。

【板書計画】

めあて
自分が今、どんなふうに考えているか客観的に捉えよう。

練習問題
クラス替えで仲のよい友だちと別のクラスになってしまった。

実際にあったこと
自分がいないところで部活動のみんながコソコソ集まって何か話をしていた。

- 最近、部活動に行くのが遅くて、準備をみんなに任せているから、怒っているのかも。
- 話の内容は聞こえなかったから、もしかしたら悪口を言っていなかったかもしれないな。
- 他にも遅れて来る人はいるのに、どうして自分だけ…。

★今日のポイント
1つの考え方にとらわれず、多様な視点で考えよう。

【レジリエンス授業　ワークシート：考え方】

実際にあったこと
　新学期になり、クラス替えがありました。クラスの表を見てみると、仲のよかった友だちはみんな違うクラスになったことがわかりました。

「実際にあったこと」に対してどのような考え方ができるでしょうか。考え方を書き出してみましょう。

part 2 | 実　践

【レジリエンス授業　宿題シート】

実際にあったこと
　朝、友だちに「おはよう」と話しかけたら、反応がなくスーッと歩いて行ってしまった。

「実際にあったこと」に対して、どのような考え方ができるでしょうか。考え方を書き出してみましょう。

気持ちを整理して、大変な状況を乗り越えるための行動の選択肢を増やそう！	心	★★★☆☆
	技	★★★★☆
	体	★☆☆☆☆

対象：小学5年生〜高校生

場面：学級活動、朝の会、帰りの会

1) ねらい

困難を乗り越えるためには、その状況を客観的かつ冷静に捉え、その上で行動を選択していくことが必要です。ここでは、これまで学んできたことを活かし、まずは出来事に対してさまざまな角度から考え、自分の気持ちに気づき、受けとめながら行動の選択肢を増やすことを目指します。

2) 留意点

自分が選択した行動をとることで、本当にその状況を乗り越えられるかどうかを見通すことも大切です。なぜなら、その状況を見て見ぬふりをしたり暴力的に反発したりする行動をすれば、自分自身は一時的に乗り越えられたと思っても、実際にはそうでない可能性があるからです。

▶ CD P2-S2-37

紙芝居ページ	○予想される児童生徒の反応／■授業者の行動／□授業者の発言	留意点（＊） 用意するもの（・）
p. 11 〜 p. 17	■紙芝居を読み、授業のポイントを説明する。 □「レジりんは、『自分だけが仲間はずれにされているかもしれない』と不安になっていました。そして、なんでちゃんと一緒にさまざまな角度から考えました。その後、レジりんはどうしましたか？」 ○「解決策を考えた」 ○「何かわからないけど、行動した」 □「そうですね。みなさんも、困ったときにはそれを解決しようと何か行動をとるでしょう。今日のポイントは、大変な状況を乗り越えるために、どのような行動をするか考えることです。 大切なことは、行動の選択肢を増やすことです。その状況を乗り越えられる行動は1つではなく、さまざまです。行動の選択肢を多くもつことで、自分で行動を選んだり、いくつかの行動を試したりすることができます」 □「また、自分が選択した行動をとることで、本当にその状況を乗り越えられるのかを考えることが大事です。自分のした行動が、状況を乗り越えることにつながらなかったら意味がありません」	・紙芝居 ＊中高生向け

p.11、p.14、p.17	■板書で話を整理しながら、児童生徒自身がレジりんだとしたら、どのような行動をしたかを考えさせる。 □「レジりんの例であてはめてみましょう。実際にあったことは、自分がいないところで部活動のみんながコソコソ集まって何か話をしていたことです。レジりんは、『自分が部活動に行くのが遅いせいで、みんなを怒らせているのかもしれない、部活動のみんなは悪口を言っていなかったかもしれない』と考えました。そしてその後に、解決策としてある行動をとりました。では、あなたがレジりんだったら、どのような行動をするでしょうか？ 自分でいくつか考えてみましょう」	＊板書計画参照 出来事→考え→感情→行動の順に話を整理する。	
	■「レジリエンス授業　ワークシート：行動の選択肢」に記入させ、発表させる。 ○「何を話していたのか、部活動のメンバーに聞いてみる」 ○「部活動に遅れたことを謝る」 ○「なかったことにして、あえて何もしない」 □「たくさん思いつくことができましたね。みなさんが考えた行動の数によって、それと同じだけたくさんの解決策を使えるということになります」 □「では、その行動をした後、状況はどう変わると思いますか？ 例えば『コソコソ話をしていたメンバーを責める』といった行動をしてしまうと、メンバーとの仲が悪くなってしまい、その状況を乗り越えることはできません。このように、ただたくさんの行動を思いつけばよいというわけではなく、その行動をとった後にどうなるか、大変な状況を乗り越えることができるのかを確認することが大切です」	・ワークシート ＊自分が思いつかなかった考えは、空いている箇所に記入させる。 ＊中高生向け	
	■別の事例で考えさせ、ワークシートに記入させる。 □「では、練習問題をやってみましょう。たくさん思いつけるとよいですね」 □「あなたのクラスは席替えをしました。すると、苦手な子が隣の席になってしまいました。これから次の席替えまで、この苦手な子とペアを組んで話し合ったり、何か作業をしたりしなければなりません」 □「では、今まで勉強したことを使って、みなさんはどのようなことを考え、どのように行動していくことができるでしょうか。考え方と感情についてこれまで勉強したことを使って、行動を考えていきましょう」	・ワークシート	
	■ワークシートに記入させ、発表させる。 ○（実際にあったこと）苦手な子が隣の席になった。 　（考え方） 　・ここだけ乗り切ろう　　・苦手な理由はなんだろう 　・話せばいい人かもしれない 　（気持ち） 　・がっかり　　　　　　・怖い 　・嫌だな　　　　　　　・怒り 　（行動） 　・明るい話をしてみよう　・我慢しよう 　・無視	・ワークシート ＊自分が思いつかなかった考えは、空いている箇所に記入させる。	

□「行動を考える上で、これまで勉強してきた流れがとても大切です。まず、実際にあったことが何なのかを考えます。その次に、それに対していろいろな角度からその事実を考えます。極端に考えないようにすることが大切でしたね。そして、そう考えたときの自分の気持ちと向き合います。怒ったり嫌だなと思ったりすることは、悪いことではありませんでしたね。そして自分の気持ちと向き合って冷静になってから、行動を考えます。今回勉強したことを使うと、行動といってもいろいろな選択肢があるということがわかりますね」 □「では、みなさんが考えた行動をした後、この状況はどのように変わるでしょうか？　この例で考えてみましょう。隣の子が苦手だから、無視するという行動は適切でしょうか？　無視することで解決することもあるかもしれませんが、もしかしたら関係がさらに悪化するということも十分考えられます。この状況を乗り越えることができるか、という見通しをもって行動の選択をしていきましょう」	＊中高生向け
■授業の振り返りを行う。 □「今までレジリエンスの勉強をしてきました。これは１回で身につくものではなく、何度も練習する必要があります。また１人では気づかない考え方や行動も、友だちやおうちの人など、他の人から言われて気づくという場合もあります。自分で練習しながら、他の人にも頼りながら、大変な状況を乗り越える力を身につけていきましょう」	・宿題シート ＊感想を書かせてもよい。

【板書計画】

気持ちを整理して、大変な状況を乗り越えるための行動の選択肢を増やそう！

レジりんがとった行動

- 何を話していたのか、部活動のメンバーに聞いてみる。
- 部活動に遅れたことを謝る。

〈ポイント〉
- できるだけたくさんの行動を考えよう！
- その行動でこの状況を乗り越えられるか、イメージしてみよう！※中高生向け

練習問題
あなたのクラスは席替えをしました。すると、苦手な子が隣の席になってしまいました。

①実際にあったこと　　②考え方　　　　　　③気持ち
　苦手な子が隣の　　　・ここだけ乗り切ろう　・がっかり
　席になった。　　　　・話せばいい人かもしれない　・怖い

④行動
- 明るい話をしてみよう
- 我慢しよう

その行動をしたら、状況はどのように変わる？
- 仲良くなれる
- 次の席替えまでトラブルが起きない

part 2 実　践

【レジリエンス授業　ワークシート：行動の選択肢】

(　　)年(　　)組　名前(　　　　　　　　　　　)

☆困難を乗り越えるために、行動の選択肢を増やそう！

【レジりんの場合】

①実際にあったこと

自分がいないところで、部活のみんながコソコソ集まって何か話をしている。

②考え方

自分が部活動に行くのが遅いせいで、みんなを怒らせているのかもしれない。

部活動のみんなは悪口を言っていなかったかもしれない。

③気持ち

悲しい・不安

安心

④行動

-
-

【練習問題】

あなたのクラスは席替えをしました。すると、苦手な子が隣の席になってしまいました。

①実際にあったこと

②考え方

③気持ち

④行動

-
-

【レジリエンス授業　宿題シート：行動の選択肢】

(　　)年(　　)組　　名前(　　　　　　　　　　　　)

◇1週間の生活の中で、困った状況を考え、感じ、行動したことを記録しよう！

(　　)月(　　)日

①実際にあったこと　　　　②考え方　　　　　　③気持ち

④行動

(　　)月(　　)日

①実際にあったこと　　　　②考え方　　　　　　③気持ち

④行動

◇実際にやってみてどうだったかな？　感想を書こう！

コミュニケーションを学ぼう	心	★★★☆☆
	技	★★★★★
	体	★☆☆☆☆

対象：小学校高学年〜中学生・高校生

場面：学級活動（学活、総合的な学習の時間）、朝の活動、LHR

1）ねらい

　レジリエンスを高めるためには、助けられるだけではなく、人を助ける経験も必要です。ここでは、人を助けるためのスキルとしてソーシャルスキルトレーニングを行い、必要なコミュニケーション能力を身につけることを目指します。

2）留意点

　子どもが活動する部分が多いので、主体的に子どもが活動できるような配慮が必要になります。助けられるだけでなく、助けることも大切であることを子どもに理解させる必要もあります。

▶ P2-S2-40

紙芝居ページ	○予想される児童生徒の反応／■授業者の行動／□授業者の発言	留意点（＊）用意するもの（・）
p. 22〜p. 25	■人から助けられることがレジリエンスを育てる上で大切だということを伝える。 □「今日は、『人とのつながり』について見ていきましょう。話の中で、レジりんは先輩と関わりながら困難を乗り越えていました。まずはその部分の話を読むので、聞いていてください」 ■レジりんが先輩と関わっていた場面を提示する。	
p. 22、p. 23	□「先輩はレジりんに何をしてくれていましたか？」 ○「悩んでいるところに来てくれた」 ○「話を聞いてくれた」 □「このように、人とのつながりができていると、アドバイスをもらえたり励ましてもらえたりします。自分だけでは困難に立ち向かえないとき、他の人に助けてもらうこともできますね」	・紙芝居
p. 25	■相手を助けることがレジリエンスを育てる上で大切だということを伝える。 □「しかし、レジリエンスが高まるのは自分が助けてもらったときだけではありません。話の中でレジりんは、先輩にコミュ耳をもらっていましたね。レジりんはコミュ耳を手に入れた後、何をしましたか？」 ○「他の人（レジりん）の話を聞いてあげていた」 ○「アドバイスをしていた」	・紙芝居 ・気持ちカード

□「レジりんは他の人（レジりん）を助けていました。つまり、自分が助けてもらうだけではなく、人を助けることもレジエンスを高めるために大切です。人を助けることで、『自分も役に立てるんだ！』という自信をもつことができます。その自信は困難を乗り越えることにつながります」

■よりよい人間関係を築くためにソーシャルスキルトレーニングを行う。
□「レジリエンスを高めるためには、人間関係が非常に大切です。今日はよりよい人間関係を築くために、話すスキルを高めたいと思います。話すスキルは大きく分けると『言葉にする』こととそれを『どのように伝えるか』の2つに分けられます」

■「言葉にする」では、考えや気持ちを大事にして言葉を選ぶことの大切さを指摘する。
□「考えや気持ちを伝えるためには、言葉にする必要があります。どのような言葉を使うかで伝わり方が変わります」
①考え、②気持ち、③言葉を選ぶ

■「言葉以外の」大切な点を踏まえて、「どのように伝えるか」を考えせる。
□「言葉を選べば、考えや気持ちを伝えることができますか？　自分の考えや気持ちをもっと伝えるためには、どうしたらいいでしょうか？」
○・声の大きさ　・表情　・姿勢　・距離　・アイコンタクト
　・身振り手振り
□「言葉を使わなくても、考えや気持ちを伝える方法がありますね。ふだんは意識しなくても自然と使っています。言葉以外の表情や声には、時に、言葉よりもパワーや威力があると言われています」

＊4人グループを作っておく。
・気持ちカード

■気持ちの言語的コミュニケーション活動を行い、「話すスキル」の練習をする。
□「今から、気持ちを伝えるトレーニングをします。気持ちカードの10の感情のうちから1つを選び、グループ内の1名にカードに書かれた言葉を使わずに、その感情を言葉だけを使って表現してもらいます。それを聞いた他のメンバーはその感情を当てます。1人あたり30秒程度で行います。なるべく4人が違う感情を選ぶようにしましょう」

＊選んだ感情がグループ内で被らないように促す。

■気持ちの非言語的コミュニケーション活動を行い、「話すスキル」の練習をする。
□「次は、言葉を使わずに気持ちを伝えてみましょう。気持ちカードの10の感情のうちから1つを選びます。今度は、グループ内の1名に言葉を使わずに、身振り手振りだけでその感情を表現してもらいます。それを見た他のメンバーはその感情を当てます。1人当たり30秒程度で行います。なるべく4人が違う感情を選ぶようにしましょう」

＊わかりにくい場合は教員が例示する。

■授業の振り返りを行う。 □「話すスキルを高めるのに大切なことは『言葉にすること』、そしてそれを『どのように伝えるか』ということでしたね。伝え方にはさまざまな方法がありますが、相手によって受け取り方が変わってくる可能性があるため、『言葉にすること』が大切です。周りの人と上手なコミュニケーションをとることができるようになるために、これからも話すスキルを高める練習をしていきましょう」	＊感想を書かせてもよい。
■宿題を提示する。 □「今日学んだことを生活の中で実践してみましょう。今から配る宿題シートに、1週間の生活の中で話すスキルを使った日を記録してみましょう」	・宿題シート

【板書計画】

コミュニケーションを学ぼう

○話の中で…
・レジりんが悩んでいるとき、先輩が来てくれた。
・レジりんは他の人の話を聞いてあげた。

○レジリエンスを高める「人とのつながり」
・困っているときに助けてもらうことができる。
・困っている人を助けることで、自信がもてる。

○人とつながるための「話すスキル」
①「言葉にする」と「どのように伝えるのか」の一致が重要。
②「どのように伝えるか」は正確に理解されないので、言葉にすることが大切。
③練習することが大切。

● 参考文献

渡辺弥生・小林朋子編著（2013）10代を育てるソーシャルスキル教育［改訂版］感情の理解やコントロールに焦点を当てて、北樹出版

【コミュニケーションを学ぼう　気持ちカード】

さびしい	怒った
うれしい	幸せな
恥ずかしい	悲しい
ワクワクする	驚いた
落ち込んだ	くやしい

part 2 実　践

CD P2-S2-42

【レジリエンス授業　宿題シート】

(　　)年(　　)組　　名前(　　　　　　　　　　　　　)

◇1週間の生活の中で話すスキルを使った日を記録しよう！

日付	誰に対して	話すときに気をつけたいこと	感想

◇実際にやってみてどうだったかな？　感想を書こう！

マイレジりんをつくろう	心	★★★★☆
	技	★★☆☆☆
	体	★★☆☆☆

対象：小学3年生以上

場面：学級活動、道徳、総合的な学習の時間

1）ねらい

　レジリエンスは誰もがもっている力です。自分の中にあるレジリエンスを、レジりんというキャラクターの形で絵に描くことで、レジリエンスをより身近に感じ、ふだんから意識して生活できるようにします。

　また、自分の分身としてレジりんを描いてもらうことで、子どもたちが自分自身をどう捉えているのかも明らかになり、児童生徒理解にもつながります。

2）実際の様子

① レジりんとは何なのかを子どもたちに紹介します。

ぼく、レジりん。
みんなが困ったことがあったときに、それに打ち勝ったり、乗り越えたり、立ち直ったりする力だよ。
ぼくは、みんなの中にいるんだよ。
これは誰でも高めることができる力なんだ。
だから、みんな、ぼくをパワーアップさせてね！

② 教師自身が描いたレジりんを紹介します。

これは先生のレジりんだよ。
「○○」という名前なんだ。
先生と同じでメガネをかけているよ。
いつも元気で明るいけれど、実はさみしがりやなんだ。
得意なことは早寝早起きだよ。

③ 子どもたちにも、ワークシートに自分のレジりんを描いてもらいます。このとき、子どもたちにはレジりんを自分の分身として考え、ワークシートにレジりんのイラスト・名前・特徴（自分自身の特徴）を書いてもらいます。

　子どもたちの中には、自分のイメージするレジりんをいきなりイラスト化することが

難しい子もいるかもしれません。その場合には、体や目などのパーツの例を用意してあげるとよいでしょう。

（例）・体　　　　　　　　　　　　　　・目

④ ふだんの生活の中でレジりんを育てていきましょう。

　レジリエンスを育てるためには、「心」「技」「体」のバランスが大切です。この3つに関する目標を一人ひとり立てて、ワークシートに記入します。普段から目標を意識できるように、ワークシートは教室内に掲示しましょう。

　ワークシートの目標は参考例です。子どもの実態に合わせて変更してもよいでしょう。

レジりんを育てるために目標を立てよう。
みんなはどのようなことを目標にするのかな？

（例）・朝6時に起きて夜10時に寝る。
　　　・毎朝、黒板係の仕事をする。…

　レジリエンスを育てるためには継続が大切です。目標を達成できているかを振り返る時間をつくって確認しましょう。達成できている場合には、ワークシートに花丸を描く、シールを貼るなどして、レジりんを育てていることを実感させましょう。シールが5個たまるとアイテムがもらえる、10個たまるとレジりんのレベルが1上がる、レベルが10になると仲間が増えるなど、ゲーム感覚でレジりんを育てることができるように工夫するとよいでしょう。

　また、子どもたちには、レベルが上がるごとにレジりんの姿を想像して描いてもらい、レジりんのイラストからも自分の成長がわかるようにしても面白いですね。

P2-S2-43

【レジリエンス授業　ワークシート：マイレジりん】

マイレジりんをつくろう

年　　　組　　名前（　　　　　　　　　）

名前：

特徴：

【レジリエンス授業　宿題シート：マイレジりん】

マイレジりんを育てよう

目標	朝（　　）時に起きて夜（　　）時に寝る
	毎日（　　　　　）係の仕事をする
	友だちに自分からあいさつをする

									レベル1
									レベル2
									レベル3
									レベル4
									レベル5
									レベル6
									レベル7
									レベル8
									レベル9
									レベル10

手に入れたアイテム：

本書付録の CD-ROM について

- 付録の CD-ROM には、本書に掲載した指導案やワークシートを、PDF ファイルや Word データ、Power Point データで収録しています（※ Microsoft Windows 7、Windows8.1、Windows10 を搭載したパソコンで動作確認済みです）。
- ＊PDF ファイルをご覧いただくためには、Adobe Acrobat Reader／Adobe Acrobat が必要です。Acrobat Reader（デスクトップ版）は、アドビシステムズ社のホームページ（https://www.adobe.com/jp）より無償でダウンロードできます。
- Word データは Microsoft Word2016 で作成しています。Microsoft Word2016 で動作確認済みです。
- Power Point データは Microsoft Power Point 2016 で作成しています。Microsoft Power Point 2016 で動作確認済みです。

〔ファイルの説明〕

　本書では、CD-ROM に収録されている資料に、ロゴマーク ![CD] を付記しています。

〔ご使用にあたって〕

　本 CD-ROM は、非営利の場合のみ使用できます。但し、下記の〔禁止事項〕に該当する行為は、営利、非営利を問わず禁じます。なお、本 CD-ROM に収録するデータのすべての著作権、また使用を許諾する権利は、本書著者・株式会社東山書房が有するものとします。

〔禁止事項〕

- 本製品中に含まれるデータを本製品から分離・複製して、独立の取引対象として頒布（販売、賃貸、無償配布、貸与など）したり、インターネットのホームページなどを利用して頒布すること
- 本製品の販売の妨げになるような使用
- 公序良俗に反する目的での使用や名誉毀損、その他の法律に反する使用
　以上のいずれかに違反された場合、弊社はいつでも使用を差し止めることができるものとします。

〔免　責〕

- 弊社は、本製品に関して如何なる保証も行いません。本製品の製造上の物理的な欠陥については、良品との交換以外の要求には応じられません。
- 本製品の使用により発生した如何なる障害および事故などについて、弊社は一切責任を負わないものとさせていただきます。
- CD-ROM が入った袋を開封した場合は、上記内容などを承諾したものと判断させていただきます。

編　著	小林朋子	静岡大学教育学部　教授
執筆者	石田　秀	元・静岡県養護教諭
	大森純子	元・静岡県養護教諭
	齋藤節子	元・静岡県養護教諭
	杉山　恵	静岡県榛原郡吉田町立吉田中学校　養護教諭
	鈴木　純	静岡県立松崎高等学校　教諭
	栃久保　祈	静岡県静岡市立中島小学校　教諭
	掛本健太	静岡県立下田高等学校　教諭
	小堀春希	静岡県静岡市立長田南小学校　教諭
	野崎花歩	岩手県奥州市立真城小学校　教諭
	高林真衣	静岡県浜松市立積志小学校　教諭
	田端なつ実	静岡県焼津市立小川小学校　教諭
協　力	高林佑衣	

しなやかな子どもを育てるレジリエンス・ワークブック
つらいことがあって落ち込んでも、そこから回復する力を育てる

2019年8月5日　初版第1刷発行
2023年12月25日　初版第2刷発行

執筆者	小林朋子　石田　秀　大森純子　齋藤節子　杉山　恵　鈴木　純
	栃久保祈　掛本健太　小堀春希　野崎花歩　高林真衣　田端なつ実
イラスト	岡林　玲
発行者	山本敬一
発行所	株式会社 東山書房
	〒604-8454　京都市中京区西ノ京小堀池町 8-2
	TEL.075-841-9278　IP電話 050-3486-0489　FAX.075-822-0826
	〒102-0073　東京都千代田区九段北 4-3-32　一口坂TSビル7階
	TEL.03-5212-2260　IP電話 050-3486-0494　FAX.03-5212-2261
	https://www.higashiyama.co.jp
	e-mail：kenko@higashiyama.co.jp
印　刷	創栄図書印刷株式会社

© Tomoko Kobayashi 2019 Printed in Japan　ISBN978-4-8278-1572-6

■本書の内容およびCD-ROMのコピー、スキャン、デジタル化等の無断複写・複製は、著作権法上の例外を除き禁じられています。本書を代行業者等の第三者に依頼してスキャンやデジタル化することは、たとえ個人や家庭内の利用でも著作権法違反です。

定価はジャケットに表示してあります。